TRAINING

Englisch 5. Klasse

Paul Jenkinson

Interaktives eBook

STARK

Autor und Illustrator:
Paul Jenkinsons langjährige Berufserfahrung im Unterricht in Deutschland wie auch in seiner Heimat Großbritannien ist ein wichtiger Garant für gute Englisch-Lernhilfen. Mit regelmäßigen Reisen in seine „alte Heimat" verschafft er sich immer wieder einen frischen Eindruck über die aktuell in England diskutierten Themen. Zudem sieht er als Vater eines Sohnes beide Seiten – die des Lehrers wie auch die des Schülers – und versucht, in seiner Arbeit beiden Seiten gerecht zu werden.

Bildnachweis
Umschlag: akivasha/sxc.hu
Illustrationen: Paul Jenkinson
Fotos S. 1, 2, 15, 33, 52, 80, 84, 94, 95, 114, 118, 121, 122, 136, 152: Paul Jenkinson
S. 51 Steine: © Chode/www.dreamstime.com
S. 51 Wüste: © Eyewave/Dreamstime.com
S. 53: © Gonzalo Haro/www.sxc.hu
S. 54: © Pavel Losevsky/Dreamstime.com
S. 55 Zug: © Forsterfores/www.dreamstime.com
S. 55 Auto: © Mike Tan/www.dreamstime.com
S. 55 Flugzeug: © Alinoubigh/www.dreamstime.com
S. 55 Uhr: © Niko Fagerström/www.dreamstime.com
S. 63: Redaktion
S. 145: © Falcon stock/Dreamstime.com
S. 150: © Oleh Zaporozhets/Dreamstime.com
S. 155: © Young Kimpark/Dreamstime.com
S. 173: © Les Cunliffe/Dreamstime.com

ISBN 978-3-8490-0923-6

www.stark-verlag.de
1. Auflage 2010

Inhalt

Fortsetzung siehe nächste Seite

Fortsetzung siehe nächste Seite

Autor und Illustrator: Paul Jenkinson

Hinweise zum „ActiveBook":

Über die beiliegende CD oder den Online-Code auf der Umschlaginnenseite erhältst du Zugang zu einer **digitalen Ausgabe** dieses Trainingsbuchs:

- Damit stehen dir die Inhalte als **elektronischer Text** zur Verfügung. Er enthält u. a. praktische Links, mit denen du zu den Lösungen der Aufgaben gelangst.
- Zusätzlich findest du hier viele **interaktive Aufgaben**, die du direkt am PC oder Tablet bearbeiten kannst.
- **Hinweis:** Achte beim Bearbeiten von Lückentexten im ActiveBook darauf, dass du zwischen zwei Wörtern immer nur ein **Leerzeichen** setzt und nicht aus Versehen zwei oder mehr. Den **Apostroph** (wie in *I'm*) erzeugst du, indem du gleichzeitig diese beiden Tasten drückst:

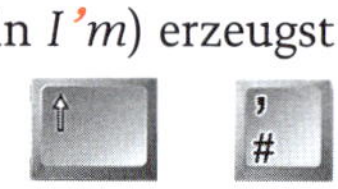

Vorwort an die Schüler

Liebe Schülerin, lieber Schüler,

eine Sprache zu lernen ist nicht leicht, aber es lohnt sich. Gerade die englische Sprache begegnet dir überall: Hörst du englische Musik und möchtest du auch wissen, um was es in den Texten geht? Warst du schon einmal in einem englischsprachigen Land im Urlaub? Oder hast du in den Ferien jemanden kennen gelernt, der kein Deutsch spricht, aber ebenfalls Englisch lernt? Du brauchst aber keine Angst vor dem Englischlernen und all den neuen Wörtern haben. Einige kennst du nämlich schon: Hättest du gerne die neuen *Sneakers*, deren *Look* gerade *in* ist? Du hast sicher alles verstanden, denn viele englische Wörter verwenden wir auch im Deutschen.

Zahlreiche **Erklärungen, Beispiele und Übungen** in diesem Buch helfen dir dabei, dein **Grundwissen** im Fach Englisch zu trainieren. Alle wichtigen Themen und Regeln, die du im Unterricht kennen lernst, werden hier behandelt.

- Jedes Kapitel beginnt mit einem **Text** oder **Bild** und einigen Übungen dazu.
- Danach folgt eine kurze, leicht verständliche Erklärung zu einer **Grammatikregel** mit passenden Beispielsätzen. Dann kannst du diese Regel üben, zuerst in einfachen Übungen, dann in etwas schwierigeren.
- In fast jedem Kapitel findest du außerdem eine Übung zum **Schreiben**.
- Im **Test** am Ende jeden Kapitels merkst du, ob du alles verstanden hast oder ob du vielleicht die Erklärungen noch einmal lesen solltest.
- Zahlreiche Bilder sorgen dafür, dass das Lernen nicht langweilig wird.
- Selbstverständlich gibt es zu allen Übungen auch **Lösungen**. Du findest sie im „**Key**" am Ende des Buches.
- Vor dem „Key" findest du außerdem ein **Vokabelverzeichnis**, das dir diejenigen Wörter erklärt, die du nicht kennst oder die du vergessen hast. Du kannst damit aber auch deinen Wortschatz erweitern.
- Noch etwas zum Schluss: Du musst dieses Buch nicht unbedingt von der ersten bis zur letzten Seite durcharbeiten, sondern du kannst auch immer an dem Kapitel arbeiten, das ihr gerade im Unterricht behandelt; oder du übst damit vor Schulaufgaben bzw. Klassenarbeiten und wiederholst Kapitel, die dir Probleme machen.

Ich wünsche dir viel Spaß und Erfolg bei der Arbeit mit diesem Buch!

Paul Jenkinson

Vorwort an die Eltern

Liebe Eltern,

die fünfte Klasse ist für Ihr Kind ein besonders wichtiges Jahr: Denn nur wer das **Grundwissen** dieses Schuljahres vollkommen verstanden hat und seine Anwendung beherrscht, wird auch weiterhin keine Schwierigkeiten beim Englischlernen haben. Dieses Buch hilft Ihrem Kind dabei, sich eine gute Grundlage im Fach Englisch zu erarbeiten.

- Der **gesamte Stoff dieses Lernjahres** wird leicht verständlich erklärt und mithilfe von Beispielen veranschaulicht. Anhand von abwechslungsreichen **Übungen** können die jeweiligen Inhalte dann systematisch trainiert werden.
- Die Kapitel sind **nach Themen geordnet** und beginnen jeweils mit einem Text oder einem Bildimpuls. Danach folgen Übungen zu den Bereichen Leseverstehen, Grammatik, Wortschatz und Schreiben sowie ein Test.
- Die Übungen beginnen auf einem sehr einfachen Sprachniveau und werden dann zunehmend schwieriger. Zahlreiche **Illustrationen** fördern den Lernprozess und bringen Freude beim Lernen.
- Ihr Kind sollte seine Antworten erst dann mit den vorgegebenen **Lösungen** vergleichen, wenn es sie schriftlich fixiert hat. Kennzeichnen Sie alles, was Ihrem Kind schwer fällt. Sie wissen dann, wo seine Schwächen liegen und worauf Sie bei der Wiederholung besonders achten müssen.
- Nicht nur das Erlernen der Sprachstruktur ist für Ihr Kind wichtig, sondern auch die Erweiterung seines **Wortschatzes** in der Fremdsprache. In diesem Buch kommen auch einige Wörter vor, die Ihr Kind noch nicht kennt. Damit wird trainiert, wie man die Bedeutung unbekannter Wörter mithilfe von Bildern oder aus dem Zusammenhang erschließt – eine Fähigkeit, die für den Gebrauch einer Fremdsprache unerlässlich ist. Außerdem findet sich am Schluss des Buches ein umfassendes **Vokabelverzeichnis** zum Nachschlagen und Wiederholen. So wird Ihr Kind auch an den Umgang mit einem Wörterbuch herangeführt.

Ich wünsche Ihnen und Ihrem Kind viel Erfolg!

Paul Jenkinson

Topics and Worksheets

In den folgenden Kapiteln findest du Texte und Bilder mit Aufgaben zu unterschiedlichen Themen. Jedes Kapitel enthält Erklärungen und Übungen aus den Bereichen Wortschatz und Grammatik. Du musst aber nicht alle Kapitel der Reihe nach durcharbeiten. Sieh einfach im Inhaltsverzeichnis nach, welche Bereiche du besonders üben möchtest und fange damit an.

Topic 1: Whitby Abbey

Open: April–November

Monday–Friday, 10.00–18.00
Saturday and Sunday, 9.00–20.00

Visit our restaurant or café and our shop, too.
You can park your car at the Abbey.
First, you can visit the Abbey and then the town.

- walk down the 199 steps to the town
- visit the harbour
- see where Dracula arrived in Whitby
- go to the beach

Vocabulary

steps: *Stufen*
arrived: *ankam*

Fragen zum Text

1 Beantworte die folgenden Fragen.
Schreibe erst Stichpunkte. Versuche dann, vollständige Sätze zu schreiben.

a How many months is Whitby Abbey open?

It's eight months open.

b When can you visit Whitby Abbey after 6 o'clock?

You can visit Whitby Abbey after 6 o'clock on Saturday and Sunday

c Where can you buy something to eat or drink?

You can buy something to eat or drink in the restaurant

d Can you drive to Whitby Abbey?

Yes, you can.

e What is between *(zwischen)* the town and the Abbey?

Between the town and the Abbey there are 199 steps.

f Are there boats in Whitby?

Yes there are.

g Why is Whitby famous?

Whitby is famous for the Dracula

Grammatik

Welche Wörter musst du im Englischen groß schreiben?

Anders als im Deutschen schreibt man im Englischen fast alle Wörter klein. Es gibt nur wenige Fälle, in denen Wörter mit einem Großbuchstaben beginnen.

- Wörter am Anfang von Sätzen
  Beispiel: The café is open.
- Eigennamen und *I* (1. Person Singular)
  Beispiele: Mary, George and I
- Ortsnamen
  Beispiele: Whitby, London
- Ländernamen und Adjektive, die Länder bezeichnen
  Beispiele: America, an English car
- Straßennamen
  Beispiel: Park Street
- einige Sehenswürdigkeiten
  Beispiele: Whitby Abbey, Tower Bridge

- Monatsnamen
  Beispiele: April, November
- Titel von Büchern, Filmen usw.
  Beispiele: Harry Potter, Dracula
- einige Abkürzungen
  Beispiele: Mr, Mrs, OK
- Wenn du *mum* und *dad* anstelle des Namens einer Person verwenden möchtest, musst du diese Wörter groß schreiben. In allen anderen Fällen schreibst du sie klein.
  Beispiele: This is Mum's bike. This is my mum.
- Den ersten Satz eines Briefes oder einer E-Mail musst du ebenfalls groß schreiben.
  Beispiel: Dear Karen,
  We are visiting Whitby …

2 Schreibe die folgenden Sätze richtig auf.
Verwende Großschreibung, wo es nötig ist.

a whitby abbey is open on monday at 10.00.

Whitby Abby is open on Mond at 10:00.

b dracula is a famous story.

Dracula is a famous story

c karen and i are visiting london.

Karen and I are visiting Lond

d peter has got an american car.

Peter has got an american car.

e my birthday is in january.

My birthday is in January

f i see mr james every tuesday.

I see Mr James every Tuesda

g this is my dad and this is dad's car.

This is my dad and this is Dad 's car

Wortschatz

3 Finde in diesem Buchstabengitter:

- das Wort *London*
- ein berühmtes Londoner Gebäude
- drei Gebäude
- drei Fahrzeuge
- die Farben der britischen Flagge

B	E	T	I	H	W	B
I	B	U	S	O	N	L
G	X	S	H	O	P	U
B	X	A	D	F	R	E
E	O	N	T	A	R	R
N	O	D	C	A	F	E
L	O	O	H	C	S	D

a The famous London building is Big Ben.

b The three buildings are café, school, shop.

c The three vehicles are bus car taxi.

d The colours are blue, red, white.

e Schreibe mit den übrig gebliebenen Buchstaben den Namen einer anderen bekannten englischen Stadt. Wie heißt sie?

The city is Oxford.

Schreiben

4 Du besuchst deinen Freund in Whitby.
Schreibe einen Brief an deine amerikanische Brieffreundin und sage, dass

- du in Whitby, Großbritannien, bist.
- es Montag ist, und du in die Schule deines Freundes gehst.
- der Name der Schule Wellington High School ist.
- du mit einem Schulbus in die Schule fährst.
- du täglich in Frau Bells Café gehst.
- du ein Buch liest. Es heißt *Whitby Ghosts*.
- dir England gefällt.

___

___

___

___

Test

5 Schreibe folgende Sätze richtig auf.

a jenny and i live in newcastle.

Jenny and I live in a Newca

b my birthday is in august.

My birthday is in August

c mr and mrs beck's house is in green road.

Mr and Mrs Beck's hous is
in Green road

d peter listens to american rap music.

Peter listens to american rap
music

e jack is reading harry potter.

Jack is reading Harry Potter

f dear lucy,
here's a postcard from england. it's nice here.

Dear Lucy,
Here's a postcard from Englan
It's nice here

Topic 2: Shipwrecked

Robert and Sarah are the only people on an island. One day there is a big storm. After the storm they find lots of things on the beach.

"Look, Sarah! There's a bike," says Robert.

"You can cycle home to Scotland, then!" Sarah answers.

"Very funny," says Robert.

"Robert, look over there. There's a camera." Sarah goes to it and says, "Hey, I can take a photo of you on your bike!"

"Sarah, there's an old picture in this box."

"We can use that."

"How? I don't want our house full of old pictures, Sarah."

"It isn't for a wall, Robert. We can use it for the fire."

Fragen zum Text

6 Hake (✓) das richtige Kästchen ab.

a On the island there are …
- [ ] many people.
- [x] two people.
- [ ] many storms.

b Robert and Sarah go to …
- [ ] Scotland.
- [ ] the island.
- [x] the beach.

c Can Robert cycle home?
- [x] No, he can't.
- [ ] Yes, he can.

d Is the camera near Sarah?
- [x] No, it isn't.
- [ ] Yes, it is.

e Robert …
- [x] does not want the picture.
- [ ] wants the picture for Sarah's birthday.
- [ ] wants the picture for the fire.

7 a Beantworte jede Frage mit einem Wort aus dem Text.

Was geschah auf der Insel?

S	T	O	R	M
1	2	3	4	5

Wie heißt „Strand" auf Englisch?

B	E	A	C	H
6	7	8	9	10

Woher kommt Robert?

S	C	O	T	L	A	N	D
11	12	13	14	15	16	17	18

Wo ist die Kamera (zwei Wörter)?

O	V	E	R		T	H	E	R	E
19	20	21	22		23	24	25	26	27

Wohin kannst du ein Bild hängen?

W	A	L	L
28	29	30	31

b Robert und Sarah gehen jeden Tag zu verschiedenen Ecken ihrer Insel. Wohin gehen sie und was finden sie dort? Ersetze die Zahlen auf den Wegen der Landkarte durch die Buchstaben von deinen Antworten in Aufgabe 7 a.

Beispiel: What is the girl's name?

S	A	R	A	H
1	8	4	8	10

Vervollständige folgende Sätze.

1. Robert takes path A to get water from the river.
2. Sarah takes path B to get bananas from the trees near the mountains.
3. Robert and Sarah take path C to get small trees from the forest for their fire.

Grammatik

Wann verwendest du den bestimmten Artikel?

Im Allgemeinen verwendest du den **bestimmten Artikel** vor einem Nomen, wenn du nicht von irgendeiner Person oder Sache sprichst, sondern von einer ganz bestimmten.

Beispiel: the cat *die Katze* (also eine ganz bestimmte Katze, nicht irgendeine)

Der bestimmte Artikel *the* wird für Nomen sowohl im Singular als auch im Plural verwendet.

Wie sprichst du den bestimmten Artikel aus?

- **Vor einem Konsonanten** sprichst du den bestimmten Artikel [ðə] aus.
  Beispiel: the boy
- **Vor einem Vokal** sprichst du ihn [ði] aus.
  Beispiel: the apple

Aber: vor einem *u*, das [ju] gesprochen wird (z. B. *unit*), wird der bestimmte Artikel [ðə] gesprochen.

8 Schreibe auf, was du auf den folgenden Bildern siehst, und benutze den bestimmten Artikel.

a ______________________ b ______________________

c ______________________ d ______________________

e ______________________ f ______________________

g ______________________ h ______________________

i ______________________ j ______________________

Vor welchen Begriffen wird der bestimmte Artikel [ðə] und vor welchen [ði] ausgesprochen?

[ðə] ____

____

[ði] ____

____

Wann verwendest du den unbestimmten Artikel (*a* oder *an*)?

Du verwendest den unbestimmten Artikel vor einem Nomen, wenn du von einer **nicht näher bestimmten Person oder Sache** sprichst.

Beispiele: a cat *eine Katze* (also irgendeine Katze und nicht eine ganz bestimmte)
an apple *ein Apfel*

Der unbestimmte Artikel *a* bzw. *an* wird für Nomen im Singular verwendet.

Wie sprichst du den unbestimmten Artikel aus?

- **Vor einem Konsonanten** wird der unbestimmte Artikel ***a*** verwendet und [ə] ausgesprochen.
  Beispiel: a bike *ein Fahrrad*
- **Vor einem Vokal** wird der unbestimmte Artikel ***an*** verwendet und [ən] ausgesprochen.
  Beispiel: an orange *eine Orange*
  (Vor einem Wort mit einem *u* am Anfang, das [ju] gesprochen wird, wie z. B. *unit*, wird der unbestimmte Artikel *a* benutzt.)
- **Im Englischen** verwendest du den unbestimmten Artikel auch, wenn du über **Berufe** sprichst. Im Deutschen benutzt du ihn in diesem Fall aber nicht.
  Beispiel: My mother is a doctor. *Meine Mutter ist Ärztin.*

9 Schreibe für jedes Bild das Wort mit der richtigen Form des unbestimmten Artikels auf: *a* oder *an*.

a  *an island*

b  an apple

c 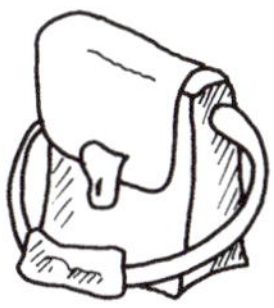 a bag

d 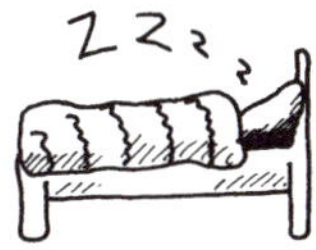 a bet

e  a car

f  a pen

g  a telephone

h 

i 

j  a table

10 Suche aus dem Text *Shipwrecked* die Nomen heraus, die mit dem unbestimmten Artikel verwendet werden.

11 Hier sind einige Berufe. Vervollständige die Sätze.

a doctor *(Ärztin)*

She *is a doctor.*

b policeman *(Polizist)*

He is a policeman

c actor *(Schauspieler)*

He is a actor

d pilot *(Pilotin)*

She is a pilot.

e gardener *(Gärtner/Gärtnerin)*

I 'am a gardener

Wortschatz

12 Stelle dir vor, dein Boot geht unter und du musst zu einer kleinen Insel schwimmen. Du kannst vier der abgebildeten Gegenstände mitnehmen.
Vervollständige die englische Bezeichnung und schreibe die deutsche Bedeutung auf.
Welche Gegenstände würdest du auswählen?

a

kn i f e

= *Messer*

b

c l o c k

= Uhr

c

n e w s p a p e r

= Zeitung

d

t e n t

= Zelt

e

s n a k e
= Schlange

f

l a d d e r
= Leiter

g

e g g
= Ei

h

r a d i o
= Radio

I take a tent a knife a clock and a radio.

Schreiben

13 Wann verwendest du den bestimmten oder den unbestimmten Artikel?
Du bist auf einer kleinen Insel. Vervollständige dein Tagebuch *(diary)* mit *the*, *a* oder *an*.

27th March

I'm on an island but I don't know the name of the island. On the beach I can see a box. I go to the beach and open the box. In the box there is a book and a pen – and an orange. I eat the orange and then start my diary.

Test

14 Vervollständige diese Sätze mit *the*, *a* oder *an*.

a Over there we can buy ___an___ ice cream.

b I know ___the___ girl with ___the___ ice cream. Her name is Jane.

c Can we go to ___the___ big park in ___the___ town centre?

d ___A___ film is good at ___the___ cinema.

e I haven't got ___the___ car.

f I have got ___an___ American friend.

15 Übertrage folgende Sätze ins Englische.

a Sie ist Lehrerin.

She's a teacher

b Wir sind auf einer Insel.

We are on a island

c Er ist Soldat *(soldier)*. Er hat eine Uniform.

He is a soldier. He's got an uniform

d Die Jungen sind im Klassenzimmer.

The boys are in the classroom

e Dort ist eine Tasche. Darin sind die Äpfel.

There's a bag

f Hast du einen Regenschirm?

____

g Die Frau ist im Haus.

The women is in the house

h Lucy hat eine Orange.

Lucy has got an orange

Topic 3: Louis the beautiful

Life is fun. I sit here every day in the garden and watch people – they think I'm beautiful. But I don't know. Sometimes I think my eyes are too small.
I'm hungry. I want a sandwich … or some biscuits … or chocolates.
Look! There's my neighbour. She thinks I'm beautiful, too. She always gives me a biscuit. Hey, Mrs Davy! – Hey! Here I am! – "Woof, woof, woof!!!" Wow, a chocolate biscuit! – Hey, thanks, Mrs Davy. Mrs Davy says she's coming to our party. I like parties. People at parties always give me something – mmm, beefburgers, sausages, sandwiches … I'm hungry again. Oh, there are my neighbour's children. Hi, Danny. Hi, Susie. – Hey! Here I am! "Woof, woof, woof!!!" Great, two more biscuits. These chocolate biscuits are fantastic.

Vocabulary
some (line 5): *hier: ein paar*
again (line 14): *wieder*

Fragen zum Text

16 Sind die folgenden Sätze richtig *(true)* oder falsch *(false)*?
Hake (✓) die richtige Antwort ab.

		true	false
a	Louis is always in the garden.	✓	
b	People like Louis.	✓	
c	Louis has got big eyes.		✗
d	Louis likes to eat.	✓	
e	Louis doesn't like his neighbour.		✓
f	There is a party at Mrs Davy's house.		✓
g	Louis wants more to eat.	✓	
h	Louis doesn't like the children's biscuits.		✓

17 Welche Wörter im Text beziehen sich auf eine Person oder Sache und hinter welchen Wörtern verbergen sich mehrere Personen oder Dinge?
Schreibe jedes Wort nur einmal in eine Spalte.

eine Person / Sache	mehrere Personen / Sachen

Grammatik

Wann verwendest du die Singularformen des Nomens?

- Du verwendest den **Singular**, also die Einzahl, wenn du ausdrücken möchtest, dass ein Wesen oder eine Sache nur **einmal** vorhanden ist.
  Beispiel: I have got a dog. *Ich habe einen Hund.*
- Dagegen benutzt du den **Plural**, d. h. die Mehrzahl, wenn du von **mehreren** – mindestens aber von zwei – Wesen oder Dingen sprichst.
  Beispiel: Susie has got two cats. *Susie hat zwei Katzen.*

Wie bildest du die Pluralformen von Nomen?

- Im Englischen musst du bei den meisten Nomen ein **-s an die Singularform** des Nomens hängen.
  Beispiel: pen – pens
- An Nomen, die im Singular auf *-s, -ss, -ch, -sh* oder *-x* enden, musst du ***-es*** anhängen.
  Beispiel: sandwich – sandwiches
- Bei Nomen, die mit einem **Konsonanten + -y** enden, wird das -y zu ***-ie*** **+ -s**.
  Beispiel: party – parties
- **Aber** wenn das Nomen auf einen **Vokal + -y** endet, verändert sich das -y nicht und du hängst einfach noch ein ***-s*** an.
  Beispiel: boy – boys

- Es gibt auch einige **unregelmäßige Pluralformen**. Lerne sie auswendig.

Beispiele:

child	childr_en_
foot	f_ee_t
man	m_e_n
woman	wom_e_n

18 Sieh dir die Bilder genau an.
Schreibe das passende Wort für jeden Gegenstand im Singular und im Plural.
Einige Wörter werden für dich neu sein.

a 
box
boxes

b 
tree
trees

c 
boy
boys

d 
church
churches

e 
family
families

f 
girl
girls

g 
glass
glasses

h 
desk
desks

Wie sprichst du die Pluralformen aus?

- [s] nach stimmlosem Konsonant [f, p, k, t, θ]
  Beispiele: books, hats, clocks
- [z] nach Vokal oder stimmhaftem Konsonant [b, d, g, l, m, n, v]
  Beispiele: gardens, names, dogs
- [iz] nach den Zischlauten [s, z, dʒ, ʃ, tʃ]
  Beispiele: boxes, buses, sandwiches

19 Hier ist eine Liste von Wörtern, die du kennen solltest. Schreibe sie im Plural und ordne sie in die richtige Gruppe ein – [s], [z] oder [iz].

baby – pen – teacher – cake – apple – map – beach – clock – sausage – day

[s]	[z]	[iz]
______	______	______
______	______	______
______	______	______
______	______	______
______	______	______
______	______	______
______	______	______

20 Vervollständige folgende Sätze.

a There is one child on the bus but two ______________ in the car.

b I have got one book in my bag but Tommy has got three ______________ in his bag.

c There is a man in the shop but six ______________ outside *(draußen)*.

d There is one family sitting in the park but there are three ______________ playing football.

e One woman is washing her foot but there are four ______________ washing their ______________ over there.

Wortschatz

21 Zu welcher Hunderasse gehört Louis?

- Welches Wort aus dem Text passt jeweils zum Hinweis?
  Schreibe dieses Wort in das Rätsel.
  Die grau markierten Felder ergeben den letzten Teil des Lösungsworts.
- Die kleine Nummer sagt dir, wohin die unterstrichenen Buchstaben gehören, 1/6 (1 und 6) bedeutet z. B., dass dieser Buchstabe der erste und der sechste ist.

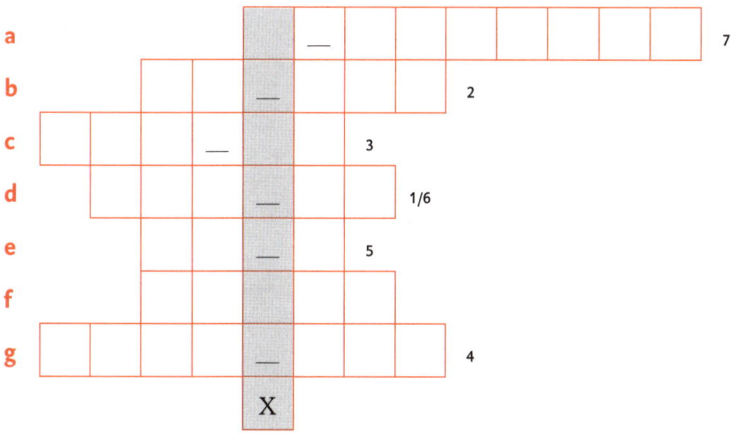

a Das Gegenteil von hässlich.

b Mehrere Leute.

c So fühlst du dich, wenn du lange nichts gegessen hast.

d Die Fläche, die ein Haus umgibt.

e Du siehst mit ihnen.

f Noch einmal.

g Louis isst sie gerne.

Louis is a 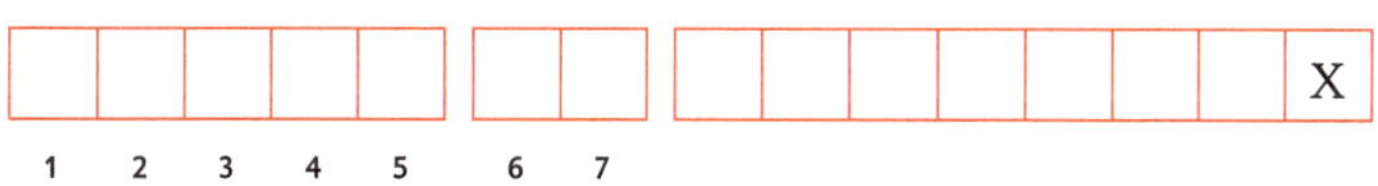.

Schreiben

22 Stelle dir vor, du hast Louis getroffen.
Erzähle deinem Freund/deiner Freundin auf Englisch von ihm.

- Zu welcher Hunderasse gehört er?
- Beschreibe ihn – ist er groß oder klein?
- Was tut er?
- Was isst er gerne?
- Mag er Kinder?

____

____

____

____

____

____

____

Test

23 Vervollständige die folgenden Sätze.
Die Nomen, die du für deine Sätze brauchst, stehen in Klammern.

a I have got two ________________. (dog)

b The ________________ are sitting in the garden. (child)

c The ________________ have got ________________. (girl/sandwich)

d The ________________ and the ________________ are red. (train/bus)

e Two ________________ are playing ________________. (family/game)

f The ________________ are drinking water. (boy)

g Kim and John have got two ________________. (house)

Topic 4: The pirate boat

Can you see the boat? It's a pirate boat. The captain is a very big man. Today, it's the captain's birthday. He's having a party. His family and his friends are on the boat. Captain Mick has got a brother and a sister. They give him a treasure island map for his birthday and she gives him a black cat, too – for luck! Mick likes the treasure map. It's his best present, he says. He wants to look for the treasure now. And he wants you to help him find it.

Vocabulary

treasure (line 3): *Schatz*

Fragen zum Text

24 Welcher Weg führt zum Schatz?

Für jede Antwort zu den Fragen auf der nächsten Seite gibt es ein Bild auf der Schatzkarte. Schaue dir die Bilder genau an, denn einige sehen ähnlich aus. Verbinde die Quadrate in den Bildern in der richtigen Reihenfolge und markiere den Weg. Aber Achtung: Einige Bilder bleiben übrig.

- **a** Can you find the captain's boat?
- **b** Find the captain.
- **c** What is special about today?
- **d** Where are his family and friends?
- **e** What is the captain's name?
- **f** Can you find the treasure map?
- **g** What is his sister's extra present?

Grammatik

Was sind Personalpronomen?

Das Personalpronomen (persönliches Fürwort) steht stellvertretend für eine Person oder Sache.

Welche Subjektformen des Personalpronomens gibt es?

1. Person Singular	**I**	*1. Person Plural*	**we**
2. Person Singular	**you**	*2. Person Plural*	**you**
3. Person Singular	**he, she, it**	*3. Person Plural*	**they**

Diese Formen musst du unbedingt **auswendig lernen** und regelmäßig wiederholen.

Wann verwendest du die Subjektform des Personalpronomens?

- Du verwendest die Subjektform des Personalpronomens, wenn du in einem Satz ein Nomen ersetzen möchtest, das **Subjekt des Satzes** ist.
  Beispiel: Jane and Peter are friends. They are friends.
- Im Englischen verwendest du im Singular nur bei **Personen** ***he*** oder ***she***, für alles andere musst du ***it*** benutzen. Eine Ausnahme bilden Tiere, deren Namen du kennst. In diesem Fall gebrauchst du ebenfalls *he* oder *she*.
  Beispiele: Look at the cat over there. It is a nice cat.
  Lucy is a nice cat. She is black.

25 Verbinde die englischen Personalpronomen mit den passenden deutschen.

I	*wir*
you	*es*
he	*sie*
she	*ich*
it	*du/Sie*
we	*er*
you	*sie*
they	*ihr/Sie*

26 Ersetze in den folgenden Sätzen die unterstrichenen Wörter durch die entsprechende Subjektform der Personalpronomen.

a <u>The pirates</u> are very dangerous.

They are very dangerous.

b <u>The captain</u> is very big.

____

c <u>The pirate boat</u> is old.

____

d <u>The captain and I</u> are friends.

____

e <u>Jake and Kate</u> are pirates, too.

____

f <u>The cat</u> is very small.

____

g <u>The girl</u> lives in Bristol.

____

Wortschatz

27 Hier sind einige deutsche Wörter vorgegeben.
Schreibe das englische Wort und das Personalpronomen, mit dem du es ersetzen kannst, in die jeweiligen Spalten.

Deutsch	Englisch	Personalpronomen Subjektform
Ball	*ball*	*it*
Frage		
Auto		
Polizist		
Frau		
Banane		
Baum		
Kino		
Mädchen		
Junge		

Schreiben

28 Schreibe einfache englische Sätze über Personen, die du kennst.
Bilde zwei Sätze für jede Antwort.

- Verwende im ersten Satz den Namen bzw. das Nomen.
- Ersetze im zweiten Satz das Subjekt durch das entsprechende Personalpronomen.

a Schreibe über das Haustier deines Freundes / deiner Freundin *(Name)*.

Christina has got a cat.

She has got a cat.

b Welchen Sport mag deine Mutter oder dein Vater?

___

___

c Was ist das Lieblingsessen deines Freundes / deiner Freundin *(Name)*?

____

____

d Wo wohnen zwei deiner Verwandten, die zusammenleben? *(zwei Namen)*

____

____

e Beschreibe deinen Briefträger – groß oder klein?

____

____

f Was mögen du und dein Freund / deine Freundin? *(Name + du)*

____

____

Test

29 Ersetze in der folgenden Liste die Wörter durch die entsprechende Subjektform der Personalpronomen.

a Susie ______________

b Mr and Mrs Fall ______________

c you and I ______________

d Peter's dog ______________

e the girl ______________

f the boys and girls ______________

g Robert ______________

h Miss King's neighbours ______________

i the tree ______________

j Julie's cars ______________

Topic 5: Coffee, milk and sugar

Vocabulary

repair: *reparieren;* spilt: *kippte, schüttete*

Fragen zum Text

30 Auf wen oder was beziehen sich diese Personalpronomen im Text? Es sind mehr Wörter in der Liste, als du brauchst:
the man, Simon, Sally, computers, shops, coffee, computer

- **a** you (picture 2) __________
- **b** them (picture 4) __________
- **c** her (picture 4) __________
- **d** it (picture 6) __________
- **e** it (picture 8) __________

31 Beantworte die Fragen in vollständigen englischen Sätzen.

- **a** Wo ist Simon?
- **b** Warum geht der Mann in den Laden?
- **c** Wer kann gut mit Computern umgehen?
- **d** Was ist los mit dem Computer des Mannes?
- **e** Was macht der Mann wohl (deiner Meinung nach)?

Grammatik

Wann verwendest du die Objektform des Personalpronomens?

- Du verwendest die **Objektform des Personalpronomens**, wenn du in einem Satz ein Nomen ersetzen möchtest, das **Objekt des Satzes** ist.
  Beispiel: Can I speak to Simon? Can I speak to him?
- Im Englischen sind die Formen für den Dativ (wem?) und den Akkusativ (wen?) gleich.
  Beispiel: Can I speak to Simon? Can I speak to him? *Kann ich mit ihm sprechen?*
  Can I go to see Peter? Can I go to see him? *Kann ich ihn besuchen?*

Welche Objektformen des Personalpronomens gibt es?

1. Person Singular	**me**	*1. Person Plural*	**us**
2. Person Singular	**you**	*2. Person Plural*	**you**
3. Person Singular	**him, her, it**	*3. Person Plural*	**them**

Diese Formen musst du ebenfalls **auswendig lernen** und regelmäßig wiederholen.

32 Ersetze in den folgenden Sätzen die unterstrichenen Wörter durch die entsprechende Objektform des Personalpronomens.

a The man talks to Simon.

____

b The man has got a problem with a computer.

____

c The man tells Sally about the problem.

____

d The shop sells computers.

____

e Can you help Jane and me?

____

f The man: "I think you and Simon are very good shop assistants."

____

33 Setze die entsprechende Objektform der Personalpronomen für die deutschen Pronomen ein.

a ihm ____________ b uns ____________ c euch ____________

d ihnen ____________ e Sie ____________ f dich ____________

g mich ____________ h mir ____________ i sie ____________

j ihn ____________ k dir ____________

Wortschatz

34 Diese Aufgabe besteht aus drei Teilen.

- Sieh dir die Bilder an und schreibe jeweils das englische Wort auf.
- Kreise das Wort ein, das nicht zu den anderen passt.
- Erkläre, warum du dieses Wort eingekreist hast.
  Du kannst deine Antwort auf Englisch oder Deutsch schreiben.

a

Paris ____________ S ____________ L ____________

Warum?

S ____________ is a country and L ____________ and Paris are cities.

S ____________ ist ein Land und L ____________ und Paris sind Großstädte.

b

____________ ____________ ____________

Warum?

____

____

c

 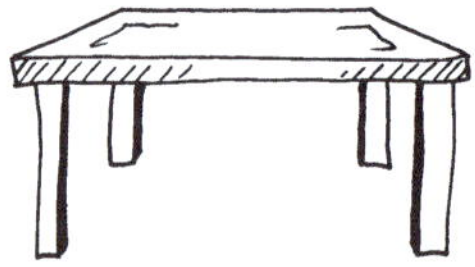 

Warum?

d

Warum?

e

Warum?

Schreiben

35 Schreibe die Antworten in vollständigen englischen Sätzen auf.
Verwende eine Objektform für die unterstrichenen Wörter.

a *Aufgabe:* Du bist im Urlaub. Frage jemanden, ob er ein Foto von dir und deinem Freund machen kann.

You say: Can you take a photograph of us, please?

b *Aufgabe:* Du bist in einem Geschäft. Bitte den Verkäufer um Hilfe.

You say: ______________________________

c *Aufgabe:* Du bist krank. Du bittest deine Freundin, deiner Lehrerin einen Brief zu geben.

You say: ______________________________

d *Aufgabe:* Du kaufst mit deiner Mutter ein. Sage, dass du die zwei Schultaschen nicht magst.

You say: ______________________________

e *Aufgabe:* Sage einer Freundin, dass sie mit dir und Joanne ins Kino kommen kann.

You say: ______________________________

f *Aufgabe:* Sage einem Freund, dass du deinem Bruder in New York oft E-Mails schreibst.

You say: ______________________________

Test

36 Ersetze folgende Wörter durch die Objektform der Personalpronomen.

Subjekt	Objektform der Personalpronomen	Subjekt	Objektform der Personalpronomen
Kim		John	
the shop		my parents	
people in the shop		the dog	
you and I		Charles the cat	
Jenny and me		you and Mary	

Topic 6: The Granvilles of Granville Hall

The Granvilles live in a very big house. This morning, Juliet Granville is late for her breakfast. She opens the door to the dining-room but breakfast isn't on the table.

Mrs Granville: Morning, Juliet. You're late again.

Juliet: I know.

Mrs Granville: Mrs Rogers says lunch is at 12.30 and can you tidy up your room.

Juliet: It is tidy. That is why I'm late for breakfast. Where's Dad?

Mrs Granville: On his boat.

Juliet: He's always on his boat. What are you doing, today, Mum?

Mrs Granville: Well, Uncle Tom is coming with a present – something for the hall – and I've got to see Mike, our new gardener. Two deer *(Hirsche)* are in the garden again!

Juliet: I like the deer – but I don't like Uncle Tom's presents. Your birthday present – the statue – it's horrible!

Juliet's brother, Robbie, then comes into the dining-room.

Robbie: Who's horrible? – Oh, good morning, Mother. Where's breakfast? It's only 11 o'clock! Morning, Juliet – Oh, and here are your car keys.

Juliet: Hey, that's *my* car, Robbie! Where's your car?

Robbie: It needs petrol!

Juliet: Where's my car, Robbie?

Robbie: Don't worry. It's outside near the Mini.

Fragen zum Text

37 Hier sind verschiedene Fotos, aber nur jeweils eines beantwortet die Fragen, die die Familie Granville dir stellt. Schreibe den Buchstaben des passenden Fotos in den Antwortkasten.

		photograph
a	Juliet: "Can you find our house?"	
b	Juliet: "And, can you find our dining-room, too?"	
c	Mr Granville: "Where am I?"	
d	Mrs Granville: "What is in our garden?"	
e	Mrs Granville: "Can you find my birthday present?"	
f	Robbie: "Juliet's car is very nice. Can you find it?"	

A
TENNYSON
B
PB05 COB
C
D
E
F
G
H
I
J
361 BWD
K
L

38 Hast du den Text verstanden? Sind diese Sätze richtig *(true)* oder falsch *(false)*? Hake (✓) die richtige Antwort ab.

		true	false
a	Juliet hat heute ihr Frühstück verpasst.	☐	☐
b	Mrs Granville ist vor Juliet aufgestanden.	☐	☐
c	Mrs Rogers ist wahrscheinlich ein Gast im Haus.	☐	☐
d	Juliet muss später ihr Zimmer aufräumen.	☐	☐
e	Juliets Vater fliegt gerne.	☐	☐
f	Der Gärtner ist neu.	☐	☐
g	Juliet gefällt das Geschenk, das ihre Mutter von Onkel Tom bekam.	☐	☐
h	Robbie kommt zu früh zum Mittagessen.	☐	☐
i	Robbie muss zur Tankstelle fahren.	☐	☐
j	Juliet fährt einen Mini.	☐	☐

Grammatik

Welche Possessivbegleiter gibt es?

1. Person Singular	**my**
2. Person Singular	**your**
3. Person Singular	**his, her, its**
1. Person Plural	**our**
2. Person Plural	**your**
3. Person Singular	**their**

Diese Formen musst du unbedingt **auswendig lernen** und regelmäßig wiederholen.

Vorsicht: Man kann leicht einige Possessivbegleiter mit anderen Wörtern verwechseln.

Beispiele: its *(sein/ihr)* – it's *(es ist)*
their *(ihr)* – there *(dort)*
your *(dein/Ihr)* – you're *(du bist/ihr seid/Sie sind)*

Wann verwendest du Possessivbegleiter?

Du benutzt Possessivbegleiter, wenn du ein **Besitzverhältnis**, eine **Zugehörigkeit** oder eine **Verbundenheit** beschreiben möchtest.

Beispiele: <u>My</u> car is nice./That is <u>our</u> house.

39 Im Sommer besuchen viele Touristen das Café in Schloss Granville. Heute herrscht dort Chaos. Vervollständige die Sätze, indem du die passenden Possessivbegleiter einsetzt.

40 Einige deutsche Besucher wollen mit Juliet reden. Kannst du übersetzen?

a Ist dies Ihr Haus?

____

b Meiner Mutter gefällt Ihr Haus.

____

c Ist dies Ihr Zimmer?

____

d Kann mein Opa hier sitzen? Sein Fuß tut weh.

____

Wortschatz

Präpositionen

Präpositionen sind Wörter, mit denen du ausdrücken kannst, **wo Dinge sind.** Lerne die folgenden Präpositionen auswendig.

behind	*hinter*
in front of	*vor*
near	*nahe/in der Nähe*
next to	*neben*
outside	*draußen/außerhalb*
inside	*drinnen/innerhalb*
in	*in*
under	*unter*
on	*auf*

41 Juliet und Robbie haben sich für ihre jungen Besucher ein Rätsel ausgedacht. Lies die Sätze auf der nächsten Seite sorgfältig durch und suche die unterstrichenen Begriffe im Bild. Kreise ein, wo die unterstrichenen Gegenstände oder Personen sind, und schreibe die Aufgabennummer a – k dazu.

- **a** The road is behind the big wall.
- **b** The café is next to the bookshop.
- **c** The bus stop is in front of the café.
- **d** Behind the house we have got a small garden.
- **e** In front of the house we have a very big garden.
- **f** Our garages are near the house.
- **g** In the corner of the big garden there is a big clock.
- **h** Near the clock there is an old tree.
- **i** Inside our house there are twenty rooms downstairs and a big hall.
- **j** Today, the gardener is outside. He's working in the park near three trees.
- **k** In summer, we eat breakfast outside on the table and chairs in front of the house.

Schreiben

42 Du hast Schloss Granville besucht und zwei Postkarten gekauft.

- **a** Schreibe eine Postkarte an jemanden, den du in Deutschland kennst (d. h. auf Deutsch).

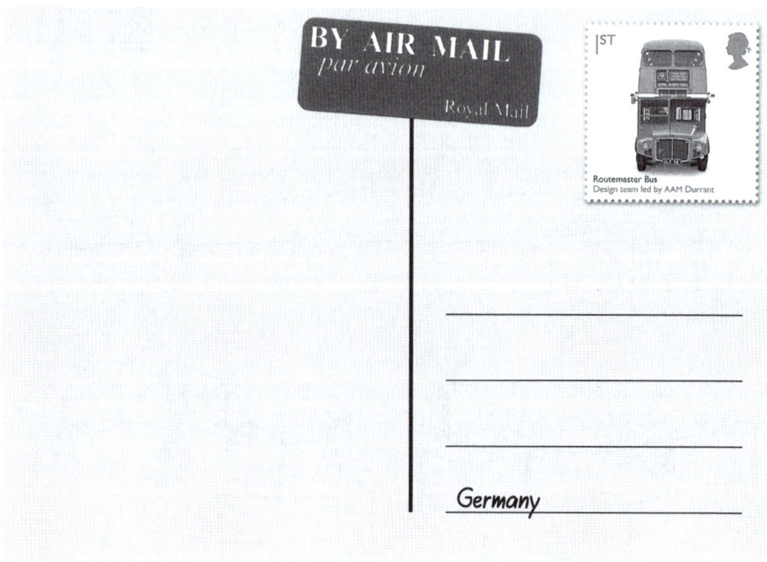

b Schreibe die andere Postkarte an einen englischen Freund/eine englische Freundin (d. h. auf Englisch). Hier musst du das *present tense* verwenden. Der Anfang ist vorgegeben.

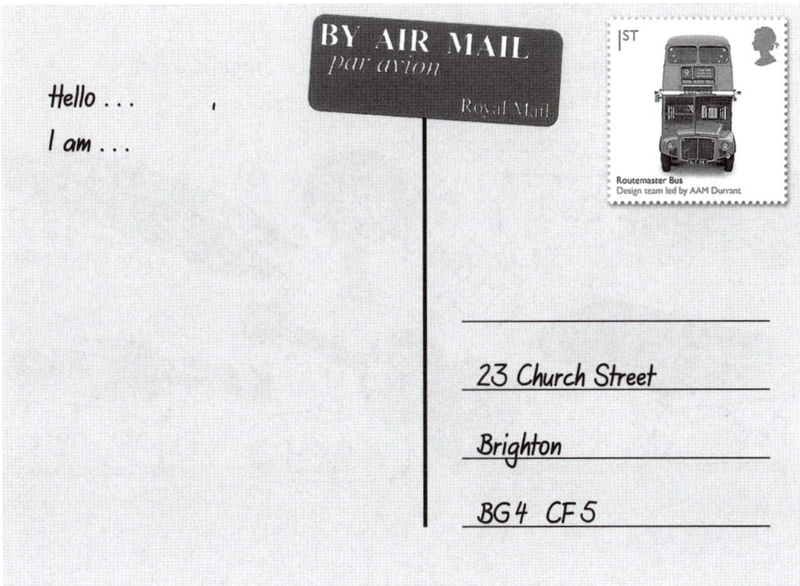

Test

43 Vervollständige folgende Sätze mit Possessivbegleitern.

a This is ____________ car. *(Mr and Mrs Green's)*

b "____________ drinks are on the table." *(to Sue and Lucy)*

c Here is ____________ coat. *(Jane's)*

d Have you got ____________ bike? *(Martin's)*

44 Übersetze folgende Ausdrücke.

a mein Garten ____________ b sein Hund ____________

c ihr Bruder ____________ d unser Haus ____________

45 Tina hat gerade einige Geschenke für ihre Familie eingepackt.
Erkläre, wer was bekommt, und folge dem Beispiel.

a (Dad – car) his car

b (____________) ____________

c (____________) ____________

d (____________) ____________

e (____________) ____________

f (____________) ____________

Topic 7: The untidy cupboard

Mr Jones hat den Schülern seiner Klasse gesagt, dass sie den Schrank in ihrem Klassenzimmer aufräumen müssen. Im Schrank sind viele Gegenstände, die die Kinder vergessen hatten.

"That's Wendy's pen."
"Yes, it is. And that's Peter's pencil."
"And I've got Jonathan's picture and Lucy's poster."
"Look, here. There's Paul's camera and … what's that?"
"That's the battery of my radio."
"And the book? Is it your book, Kim?"
"No, it isn't. Throw it away."

Fragen zum Text

46 Verbinde die Personen mit den Gegenständen, die ihnen gehören.
Finde heraus, wem das Radio gehört.

The radio belongs to ______________________________.

Grammatik

Was ist der Genitiv?

Der Genitiv ist der grammatische Fall, mit dem du einen **Besitz**, eine **Zugehörigkeit** oder eine **Bestimmung** ausdrücken kannst.

Wie bildest du den *s*-Genitiv?

- Du bildest den ***s*-Genitiv im Singular**, indem du an die Singular-Form einen **Apostroph** und *s* anhängst.
  Beispiel: Wendy's pen *(Wendys Stift)*
- Bei **Pluralformen**, die **auf -*s*** enden, musst du nur einen **Apostroph** anhängen.
  Beispiel: the girls' bags *(die Taschen der Mädchen)*
- Bei **Pluralformen**, die **nicht auf -*s*** enden, musst du **Apostroph** und *s* anhängen, um den Genitiv Plural zu bezeichnen (die Form sieht aus wie beim Genitiv Singular).
  Beispiel: the children's classroom *(das Klassenzimmer der Kinder)*

Wann verwendest du den *s*-Genitiv?

Du verwendest den *s*-Genitiv, um **Besitz oder Zugehörigkeit** anzuzeigen, wenn du von **Personen** oder **Tieren** sprichst.

Beispiele: It is Peter's pencil. — *Es ist Peters Bleistift.*
It is the cat's ball. — *Es ist der Ball der Katze.*

47 Die Klasse hat Bilder an die Tafel gezeichnet, um zu zeigen, dass sie den *s*-Genitiv verstehen. Erkläre, was zu wem gehört.

Wie bildest du den *of*-Genitiv?

Du bildest den *of*-Genitiv, indem du **vor das Nomen, das im Genitiv stehen soll, „*of the*" oder „*of a (an)*"** stellst.

Beispiele:	the start of the book	*der Anfang des Buches*
	the end of a day	*das Ende eines Tages*

Wann verwendest du den *of*-Genitiv?

Du benutzt den *of*-Genitiv nur bei **Gegenständen**. Du zeigst damit an, welcher Gegenstand zu einem anderen – meist größeren – Gegenstand gehört.

Beispiel: the door of the classroom *die Tür des Klassenzimmers/die Klassenzimmertür*

48 Schaue dir die Bilder genau an. In jeder Zeichnung gibt es einen größeren Gegenstand und einen kleinen Gegenstand, der eingekreist ist.
Schreibe auf, was auf dem Bild zu sehen ist, und verwende den *of*-Genitiv.

a

the pocket of the uniform

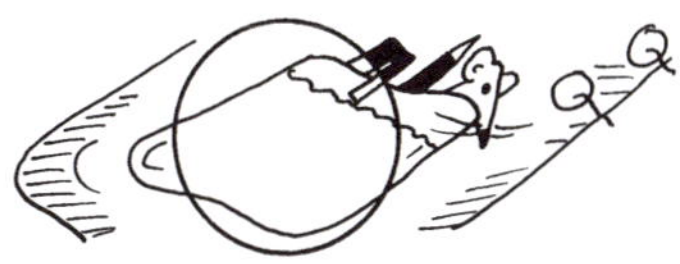

b

c

d

e

Wortschatz

49 Hier ist ein Zwei-Minuten-Vokabeltest:
Gib die Wörter in der jeweils anderen Sprache an.
Du solltest sie alle kennen, weil du sie in diesem Kapitel verwendest hast.

a *Fenster* ____________

b *Landkarte* ____________

c *Schrank* ____________

d *Bleistift* ____________

e *Bild* ____________

f *schrecklich* ____________

g *Tasche* ____________

h *unordentlich* ____________

i *Batterie* ____________

j *Popgruppe* ____________

k *wegwerfen* ____________

l *Klassenzimmer* ____________

m book ____________

n pen ____________

o children ____________

p pocket ____________

q house ____________

r cake ____________

s poster ____________

t ice cream ____________

Schreiben

50 Löse folgende Aufgaben auf Englisch.
Verwende Formen des Genitivs in deinen Sätzen.

a Frage: Was ist der Beruf deines Vaters oder deiner Mutter?

____

b Sage: Ich finde, dass die DVDs meiner Freunde schrecklich sind.

____

c Sage: Das Ende des Buches war sehr gut.

____

d Frage: Wo sind die Mäntel der Kinder?

____

e Sage: Die Zähne *(teeth)* des Hundes sind sehr groß.

____

Test

51 Vervollständige die folgenden Sätze mit den richtigen Genitivformen
('s / s' / of).

a The ______________________ is big. *(boy / bag)*

b The ______________________ is white. *(door / shop)*

c Paula has got the ______________________. *(battery / radio)*

d Over there is ______________________. *(Kevin / pen)*

e This is the ______________________. *(girls / house)*

f Where are the ______________________? *(children / bikes)*

g I don't like the ______________________. *(poster / disco)*

h Can you see ______________________? *(Anne / book)*

i Is this the ______________________? *(end / test)*

Topic 8: Hadrian's Wall

Die Römer haben einst auch den Norden Englands besetzt. Kaiser Hadrian besuchte das Gebiet 122 n. Chr. und entschied, dass eine Mauer, die das Römische Reich von den wilden Schotten trennt, eine gute Idee wäre. 130 n. Chr. war die Mauer fertig, und heute kannst du immer noch viel davon sehen. Vielleicht begann der Bau der Mauer folgendermaßen:

"Hey, Max. Hadrian's got a new idea."

"Oh, no. Not another palace," Max answers.

"No, it's not a palace. It's a wall," says Simon.

"A wall? I'm an architect not a bricklayer!"

"I know, Max. But Hadrian wants an end to the Roman Empire. And the end is here. He doesn't want to go to Scotland. He says it's too cold, there."

"What does Hadrian want?" asks Max.

"A wall – a big wall – no, a very big wall. A wall that's four metres high and three metres wide. A wall that's one hundred and seventeen kilometres long with a fort every one thousand metres. And …"

"And …?" asks Max.

"And, he wants it in fourteen months," answers Simon.

"Fourteen months! Tell him eight years!"

Vocabulary

palace (line 2): *Palast*	architect (line 4): *Architekt*
bricklayer (line 4): *Maurer*	Roman Empire (line 5): *Römisches Reich*
high (line 8): *hoch*	wide (line 9): *breit*

Fragen zum Text

52 Vervollständige folgende Sätze mit Wörtern aus dem Text.

a Max thinks Hadrian wants a new ______________________.

b Simon says that Hadrian wants a ______________________.

c Max is an ______________________.

d The ______________ ends at the ______________.

e Hadrian thinks it is ______________ in ______________.

53 Finde sechs Zahlen im Text. Schreibe sie jeweils als Zahl und als Wort.

a ______________________________

b ______________________________

c ______________________________

d ______________________________

e ______________________________

f ______________________________

Grammatik

Wann verwendest du die Grundzahlen?

Mit **Grundzahlen** gibst du eine **bestimmte Anzahl** und nicht eine bestimmte Reihenfolge an. Eine Grundzahl antwortet also auf die Frage „**wie viele?**".

Welche Grundzahlen gibt es?

1	one	11	eleven	21	twenty-one	90	ninety
2	two	12	twelve	22	twenty-two	100	one hundred (a hundred)
3	three	13	thirteen	23	twenty-three	200	two hundred
4	four	14	fourteen		*usw.*	300	three hundred
5	five	15	fifteen	30	thirty	450	four hundred and fifty
6	six	16	sixteen	40	forty	567	five hundred and sixty-seven
7	seven	17	seventeen	50	fifty		*usw.*
8	eight	18	eighteen	60	sixty		
9	nine	19	nineteen	70	seventy		
10	ten	20	twenty	80	eighty		

Merke: Auf Englisch sprichst du *and* zwischen den Hundertern und den anderen Zahlen.
Beispiel: 252 = two hundred <u>and</u> fifty-two

54 Max hat auch einige andere Zahlen für verschiedene Dinge aufgeschrieben. Kannst du die Zahlen als Ziffern schreiben?

a thirteen ______________

b thirty ______________

c one hundred and twenty-seven ______________

d three hundred and fourteen ______________

e twenty-seven ______________

f fifty-six ______________

g five hundred and eighty-two

____

h seventy-seven

____

i one hundred and sixty

____

j ninety-four

____

55 Max und Simon denken schon über den Bau der Mauer nach. Sieh dir ihren Plan an. Vervollständige die Sätze und schreibe die Zahlen in Worten.

a The wall is *three* metres wide and ______________ metres high.

b The towers are ______________________________________.

c The fort is ______________________________________.

d The stones are ______________________________________.

e We need ______________________________________ men.

f We need __________ years and ______________ days to build the wall.

Wann verwendest du Ordnungszahlen?

Mit **Ordnungszahlen** gibst du eine **bestimmte Reihenfolge** an. Eine Ordnungszahl antwortet also auf die Frage „**der / die wievielte?**".

Beispiel: This is the <u>third</u> time you're late. *Du bist zum dritten Mal zu spät.*

Welche Ordnungszahlen gibt es?

1st	first	11th	eleventh	30th	thirtieth
2nd	second	12th	twelfth	40th	fortieth
3rd	third	13th	thirteenth	50th	fiftieth
4th	fourth	14th	fourteenth	60th	sixtieth
5th	fifth		*usw.*	70th	seventieth
6th	sixth	20th	twentieth	80th	eightieth
7th	seventh	21st	twenty-first	90th	ninetieth
8th	eighth	22nd	twenty-second	100th	one hundredth (a hundredth)
9th	ninth	23rd	twenty-third		
10th	tenth	24th	twenty-fourth		
			usw.		

Merke: Im Deutschen steht nach der Ordnungszahl ein **Punkt**, im Englischen die **beiden letzten Buchstaben** der Ordnungszahl.

Beispiel: 2nd *(englische Schreibweise)* 2. *(deutsche Schreibweise)*

56 Während Max und Simon den Hadrianswall bauten, nahmen ihre Söhne Titus und Octavius in Rom an vielen verschiedenen Wettkämpfen teil. Sie sandten ihren Vätern ihre Ergebnisse zu.

COMPETITION	TITUS	OCTAVIUS
100 METRES SPRINT	1ST	14TH
2,500 METRES LONG DISTANCE RUN	11TH	27TH
CHARIOT RACE	5TH	2ND
JAVELIN	33RD	8TH
LONG JUMP	4TH	60TH
100 METRES SWIM	42ND	3RD

100 metres sprint: *Hundertmeterlauf;* long distance run: *Langstreckenlauf;* chariot race: *Wagenrennen;* javelin: *Speerwurf;* long jump: *Weitsprung;* swim: *(das) Schwimmen*

Ordne die Ergebnisse der beiden und schreibe vollständige Sätze auf.
Schau dir das Beispiel an:

a Titus is ____first____ in the 100 metres sprint.

b Octavius is ________________ in the chariot race.

c ________________

d ________________

e ________________

f ________________

g ________________

h ________________

i ________________

j ________________

k ________________

l ________________

57 Finde heraus, wo der Hadrianswall beginnt und wo er endet.
Wenn du die Namen dieser zwei Orte hast, kannst du die Mauer auf einer englischen Landkarte finden.
Die Buchstaben, die du für die beiden Orte brauchst, stehen im Kasten, und zwar in der richtigen Reihenfolge.

W A S B L O N D E

a The *fourth / sixth / first / seventh / ninth / third and third* letters.
Hadrian's Wall begins at __ __ __ __ __ __ __.

b The *first / second / fifth / fifth / third / ninth / seventh and eighth* letters.
Hadrian's Wall ends at __ __ __ __ __ __ __ __.

Wortschatz

Wann verwendest du *many* und wann verwendest du *much*?

Manchmal willst du die genaue Zahl nicht sagen. Im Deutschen kannst du „viele" oder „viel" sagen. Auf Englisch bedeutet „viele" = *many* und „viel" = *much*.

- Du verwendest *many* für **zählbare** Dinge.
  Diese gezählten Gegenstände stehen im Plural.
  Beispiel: many stones

- Du verwendest *much* für etwas, das **nicht gezählt werden kann** und wo du z. B. nicht zwei …, drei …, usw. sagen kannst. Diese Wörter haben keine Pluralform.
  Beispiel: much sand

58 Vor welchen Wörtern steht *many* und vor welchen Wörtern steht *much*? Schreibe sie in die richtige Spalte und übersetze.
tea – information – days – money – ideas – stones – water – euros – children – walls – people – music – petrol

many	German	much	German
days	*Tage*		

Schreiben

59 Sieh dir das Foto genau an. Beantworte die Fragen in vollständigen Sätzen.

a How many drawings of London are there?

____

b How many police helmets are there?

____

c How many men are there?

____

d How many buses are there?

____

e How many scarves *(Schals)* are there?

____

f How many boxes are there?

____

Test

60 Vervollständige folgende Sätze mit den richtigen Ordnungszahlen.

Schneckenmarathon

Stelle im Rennen	Schnecke	Name
1	Sleepy	Alana
3	Breeze	Mike
10	Speedy	Robert
12	Happy	Lucy
22	Olympia	Caroline

a Alana is ______________________________ with Sleepy.

b Mike is ______________________________

c ______________________________

d ______________________________

e ______________________________

61 Wie heißen diese Zahlen auf Englisch? Schreibe sie in Worten.

a zweiunddreißig

____

b siebenhundertsechzehn

____

c dreizehn

____

d achthunderteins

____

e vierhundertneunundsechzig

____

Topic 9: London to Paris

Linda, Sue and Mark want to find out who is first to the top of the Eiffel Tower *(Eiffelturm)* from their London flat.

Linda: It's 9.40. I leave my flat and walk to the Underground. The Underground takes me to the station. My train to Paris is at 11.05. The train is great. It's very fast. It goes through the Channel Tunnel and then arrives in Paris at 13.35. I get off the train and get on the Metro, this only takes two minutes. It's then half an hour to the Eiffel Tower. In another ten minutes I'm at the top of it.

Sue: I'm driving to Paris. It's ninety minutes to Dover. My boat goes at 11.10. It gets to Calais at 12.25. I like boats. I get off the boat and drive to Paris. I arrive there at 2.45 p.m. but it's difficult driving in the centre. After twenty-five minutes I can see the Eiffel Tower. I park my car. Then I walk to the Eiffel Tower and go to the top of it – that's another fifteen minutes.

Mark: I love flying. I leave the flat with Linda but get a different train to the airport. It's only 75 minutes from London to Paris. My plane goes at 12.10 but I'm at the airport at 11 o'clock. I get to Paris at 13.25 but it takes another 30 minutes to get to the Metro. The Metro takes twenty-five minutes to the Eiffel Tower. Then in five minutes, I'm at the top.

Vocabulary

the Underground (Paris: the Metro) (lines 3/4): *U-Bahn*
through (line 6): *durch*
Channel Tunnel (line 6): *Kanaltunnel*

Information

Da sie am selben Tag nach London zurückfahren, stellen sie ihre Uhren nicht auf französische Zeit um.

Fragen zum Text

62 Schreibe die passenden Uhrzeiten aus dem Text in die Tabelle. Verwende die 24-Stunden-Uhr.

Linda 	Sue 	Mark 
9.40 • leaves	______ • leaves	______ • leaves
11.05 • train	______ • Dover	______ • airport
______ • Paris	______ • Calais	______ • plane leaves
______ • Metro	______ • Paris	______ • Paris
______ • Eiffel Tower	______ • sees the Eiffel Tower	______ • Metro
______ • top of the Eiffel Tower	______ • top of the Eiffel Tower	______ • Eiffel Tower
		______ • top of the Eiffel Tower

63 Beantworte folgende Fragen und verwende die passenden Namen – Linda, Sue oder Mark.

a Who is first at the top of the Eiffel Tower?

____

b Who is last at the top of the Eiffel Tower?

____

c Who is in France first?

____

d Who is in Paris first?

____

Grammatik

Wie gibst du im Englischen an, wie viel Uhr es ist?

- Du verwendest für Zeitangaben im Englischen die unten stehenden Ausdrücke. Mit Ausnahme von *o'clock* werden die Ausdrücke nur gesprochen und nicht geschrieben.

3 o'clock

half past 2

(a) quarter past 4

(a) quarter to 6

4 minutes past 7
16 minutes past 7
20 (minutes) past 7

4 minutes to 4
16 minutes to 4
20 (minutes) to 4

- Bei Zeitangaben mit **Fünferzahlen** kannst du das Wort *minutes* weglassen.
  Beispiele: 6.50 = 10 (minutes) to 7 / ten (minutes) to seven
  9.05 = 5 (minutes) past 9 / five (minutes) past nine

64 Schau dir die Uhren an.
Schreibe erst die Zeitangaben auf und dann, wie sie gesprochen werden.
Lasse das Wort *minutes* weg, wo dies möglich ist.

a 5.17 – gesprochen: seventeen minutes past five

b ______ – gesprochen: ______

c ______ – gesprochen: ______

d ______ – gesprochen: ______

e ______ – gesprochen: ______

f ______ – gesprochen: ______

g ______ – gesprochen: ______

h ______ – gesprochen: ______

Wie unterscheidet man zwischen Vormittag und Nachmittag?

Um im Englischen zwischen **Vormittag** und **Nachmittag** zu unterscheiden, musst du **a.m.** (vor Mittag) und **p.m.** (nach Mittag) verwenden.

Beispiele: 3.30 a.m. = 3.30 in the morning
9.50 p.m. = 9.50 in the evening

65 Hier sind einige Uhrzeiten aus dem Text.
Schreibe sie als Zeiten der 12-Stunden-Uhr und benutzte a.m. oder p.m.

a Sue sees the Eiffel Tower at 15.10. → 3.10 p.m.

b Mark leaves at 9.40. → ______

c Linda's train goes at 11.05. → ______

d Linda arrives in Paris at 13.35. → ______

e Mark gets the Metro at 13.55. → ______

f Mark arrives at the Eiffel Tower at 14.20. → ______

g Sue arrives at the Eiffel Tower at 15.25. → ______

Wie spricht man die Zeitangaben der 24-Stunden-Uhr aus?

- Bei Fahrplänen (z. B. Zug, Bus, Flugzeug, Schiff) wird gewöhnlich die 24-Stunden-Uhr benutzt. Die Zeitangabe wird **in zwei Blöcken gesprochen**, einem Block für die Stunden und einem für die Minuten.
  Beispiel: 13.37 – *gesprochen:* „thirteen thirty-seven“
- Die Zahl **Null in Zeitangaben** wird gesprochen, und zwar als ***oh*** [əʊ].
  Beispiel: 12.05 – *gesprochen:* „twelve oh-five“

66 Schau dir die Uhrzeiten an, zu denen Linda, Sue und Mark abfahren oder ankommen.
Schreibe sie so auf, wie du sie sprechen würdest.

a The train leaves at ______________________

____

b The train arrives at ______________________

____

c ______________________

____

d ______________________

____

e ______________________

____

f ______________________

____

Wortschatz

Welche Wörter brauche ich um über Uhrzeiten zu sprechen?
Hier sind noch einige Wendungen, die hilfreich sein können, wenn du über die Uhrzeit sprechen möchtest. Lerne sie am besten auswendig.

to start	*starten, beginnen, anfangen*	(to) end	*Ende; zu Ende sein*
to arrive	*ankommen*	to leave	*abfahren, -fliegen, weggehen*
(to) open	*öffnen; offen*	to close	*schließen*
to go	*gehen, fahren*	to return	*zurückkommen, zurückfahren*
holiday	*Urlaub, Ferien*	journey	*Reise*

67 Vervollständige die Geschichte mit den neuen Wörtern.

We *start* our *journey* in London. We ____________ our house at 9 o'clock and ____________ to the airport. Here the plane ____________ for New York at 12.30 and ____________ at 18.15. We ____________ on Sunday and ____________ on Friday. It is a short ____________ but lots of fun. In New York the shops are always ____________ very late – some never ____________. My parents say we can ____________ to *Chicago* at the theatre tonight. *Chicago* ____________ at 7 o'clock and ____________ at 10.30 p.m.

Schreiben

68 Folgende Sätze benutzt du oft im täglichen Leben, wenn du über Uhrzeiten sprichst. Wie würdest du diese Sätze auf Englisch sagen?
Du musst nicht wörtlich übersetzen. Bilde Sätze, die dasselbe aussagen.

a Wie viel Uhr ist es, bitte?

____

b Um wie viel Uhr fährt der Bus?

____

c Um wie viel Uhr öffnet das Geschäft?

____

d Ich glaube, dass der letzte Zug um 18.30 Uhr fährt.

____

Test

69 Beantworte folgende Fragen zu den Abbildungen.

a

What time does the shop open?

____

What time does the shop close?

____

b

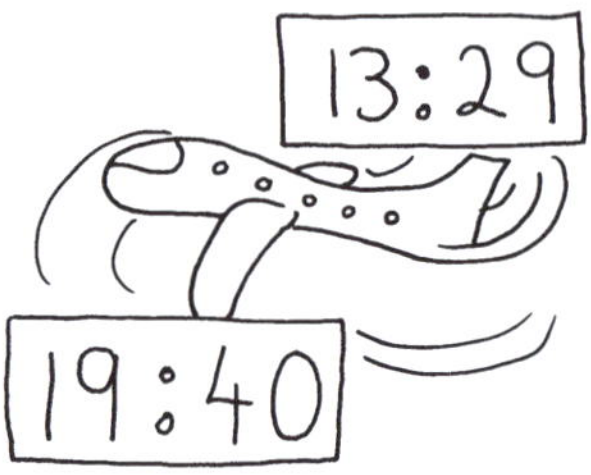

When does the plane leave?

____

When does the plane arrive?

____

c

Wie viel Uhr ist es nach der 12-Stunden-Uhr, wie viel nach der 24-Stunden-Uhr?

12-Stunden-Uhr	gesprochen	24-Stunden-Uhr	gesprochen
________ a.m.			
________ p.m.			
________ a.m.			
________ p.m.			

Topic 10: Jackie's birthdays

Mike has got a new address book. He is writing the birthdays of his friends and his family in the book. His family are no problem. His mum and dad have got their birthdays in June and his sister's is in August. His friends, Katie and Rob, have got their birthdays on 3rd and 4th July – Katie's birthday is first. But Mike doesn't know when Jackie's birthday is. Mike phones his sister.

"Elle, when's Jackie's birthday?" asks Mike.

"You can't forget Jackie's birthdays, Mike. She's got two."

"People don't have two birthdays, Elle."

"Jackie does."

"How can Jackie have two birthdays?" asks Mike.

"It's easy, Mike. Just think about February," answers Elle.

"Of course! – but when is her other birthday? Is it in February or March?"

"March," answers Elle.

Fragen zum Text

70 Hake (✓) das passende Kästchen ab.

a Mike has got …
- ☐ a new address.
- ☐ a book for birthdays and addresses.
- ☐ a birthday today.

b Mike always buys two birthday presents in …
- ☐ February.
- ☐ June.
- ☐ August.

c Elle's birthday is …
- ☐ after Mike's.
- ☐ before her parents' birthdays.
- ☐ after her parents' birthdays.

d Rob's birthday is …
- ☐ before Katie's birthday.
- ☐ on 3rd July.
- ☐ on 4th July.

e Mike talks to Elle …
- ☐ on 4th July.
- ☐ on Rob's birthday.
- ☐ on the phone.

f Jackie has got …
- [ ] two dates for her birthday.
- [ ] Mike's birthday present.
- [ ] two birthdays every year.

71 Warum ist Jackies Geburtstag manchmal im Februar, manchmal im März? Antworte auf Deutsch.

____

____

Grammatik

Wie schreibst bzw. sprichst du im Englischen das Datum?

- Im Englischen gibt es verschiedene Möglichkeiten, das Datum zu schreiben bzw. zu sprechen:

geschrieben	*gesprochen*
2nd January	„the second of January"
November 10th	„November the tenth"

Beispiel: Lucy is eleven years old on 13th April.
(*gesprochen:* „the thirteenth of April")

- Willst du das Datum in Ziffern schreiben, so trennst du die Ziffern im Englischen durch Schrägstriche, nicht durch Punkte wie im Deutschen.
Beispiel: 2/11/2010 (*englische Schreibweise*) 2. 11. 2010 (*deutsche Schreibweise*)

Wie sprichst du Jahreszahlen aus?

- Jahreszahlen **vor 2000** musst du in Zahlenblöcken lesen.
Beispiel: 1998 = nineteen ninety-eight
oder nineteen hundred and ninety-eight
- Jahreszahlen **ab 2000** sprichst du normalerweise nicht in Zahlenblöcken.
Beispiel: 2008 = two thousand and eight

Wie heißen die verschiedenen Monate?

January	*Januar*	February	*Februar*
March	*März*	April	*April*
May	*Mai*	June	*Juni*
July	*Juli*	August	*August*
September	*September*	October	*Oktober*
November	*November*	December	*Dezember*

72 Wann haben folgende Personen Geburtstag?

a Mum's birthday is on 25 th July.

b ____________________

c ____________________

d ____________________

e ____________________

f ____________________

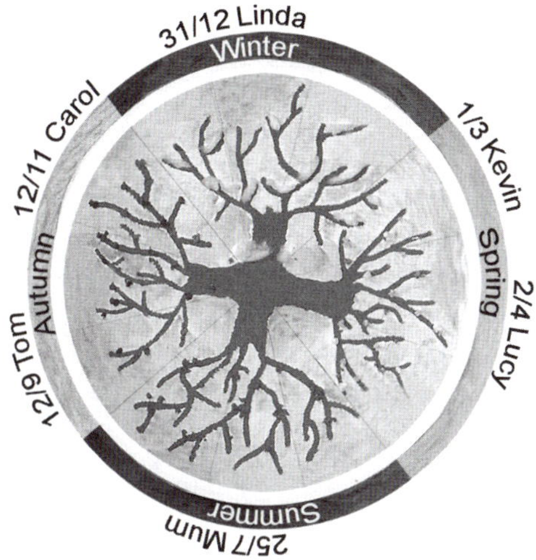

Wie heißen die verschiedenen Wochentage?

Sunday	*Sonntag*	Monday	*Montag*
Tuesday	*Dienstag*	Wednesday	*Mittwoch*
Thursday	*Donnerstag*	Friday	*Freitag*
Saturday	*Samstag*		

73 Elle und Mike besuchen im März ihre deutschen Freunde. Diese haben bereits ein Wochenprogramm mit den geplanten Aktivitäten aufgestellt. Beantworte Elles und Mikes Fragen in vollständigen englischen Sätzen.

MÄRZ		
	6. Sonntag	Aachen besichtigen
	7. Montag	einkaufen
	8. Dienstag	Museum
	9. Mittwoch	schwimmen
	10. Donnerstag	englisches Kino
	11. Freitag	spazieren gehen
	12. Samstag	zu Hause

a Wann gehen wir ins Museum?

We go to the museum on ____________________

b Wann gehen wir einkaufen?

____

c Fahren wir am Samstag nach Aachen?
No, we don't. We ______________________________

d Wann ist der Film?

____

e Wann gehen wir spazieren?

____

f Was tun wir am Samstag?

____

g Können wir am Mittwoch noch einmal einkaufen gehen?

____

Wortschatz

Welche Präposition muss ich bei Zeitangaben verwenden?

- Bei **Wochentagen** verwendet man immer die Präposition ***on***.
  Beispiel: I go to the cinema on Saturday. *Am Samstag gehe ich ins Kino.*
- Für **Monate** verwendet man stets ***in***.
  Beispiel: My birthday is in October. *Mein Geburtstag ist im Oktober.*
- Es gibt einige **feste Wendungen** mit Präposition und Zeitangabe, die du dir gut einprägen musst:

on (Monday, Saturday …)	*am (Montag, Samstag …)*
in (April, November …)	*im (April, November …)*
at the weekend	*am Wochenende*
on holiday	*in den Ferien, im Urlaub*
at Christmas	*an Weihnachten*

74 Vervollständige folgende Sätze.

a It is my birthday ________ Tuesday. ________ the weekend I can have a party.

b It is my father's birthday ________ January.

c ________ Christmas we always go and visit my grandparents.

d We are ________ holiday in America.

Schreiben

75 Beantworte folgende Fragen auf Englisch.
Verwende Datum oder Tag, wo es möglich ist.

a Erkläre, wann zwei deiner Familienmitglieder Geburtstag haben.

____

b An welchem Tag hast du Englisch in der Schule?

____

c Was machst du gerne an den Wochenenden?

____

Test

76 Bilde englische Sätze mit den Wörtern in Klammern.
Die Ziffern stehen für Monate, die ausgeschriebenen Zahlen für Tage.

a (fifth – 6 – Lucy's party)

On 5th June it is Lucy's party.

b (second – 8 – Mum's birthday)

____

c (weekend – Peter plays football)

____

d (Monday – Mark's birthday)

____

e (today it is – twentieth – 11)

____

f (can we go to Scotland – weekend)

____

g (Monday and Tuesday – I am – holiday)

____

h (the party is – thirty-first – 5)

____

Topic 11: The puzzle

Peter and Jill have got a difficult puzzle. Can you help? There are four people, four pets and four towns. Who has got the pets and where do the people live? Here is some information to help you:

The dog lives in Newcastle.
Mary likes dogs but she hasn't got a dog. She has got a small flat in Leeds.
The parrot lives in a big house. Arthur lives in this house, too.
The man in Oxford has got a fish.

Fragen zum Text

77 Wie du das Rätsel lösen kannst:
Beispiel: A man has got a car. Peter doesn't drive.

1	car	bike	bus
John			
Peter			
Jenny	✗		

Erklärung:
A <u>man</u> has got a car. = *Jenny hat kein Auto* (✗).

2	car	bike	bus
John		✗	
Peter	✗	✓	✗
Jenny	✗	✗	

Erklärung:
Peter doesn't drive. = *Peter hat kein Auto* (✗) *und auch keinen Bus* (✗), *d. h. er hat das Fahrrad* (✓) *– d. h. John und Jenny haben keine Fahrräder* (✗, ✗).

3	car	bike	bus
John	✓	✗	✗
Peter	✗	✓	✗
Jenny	✗	✗	✓

Erklärung:
John kann als einziger das Auto besitzen (✓), *und das bedeutet, dass Jenny die Besitzerin des Busses ist* (✓).

a Wer hat welches Haustier und wo lebt die Person?
Mache einen Haken (✓) wenn du weißt, dass die Information stimmt, und ein Kreuz (✗), wenn die Information falsch ist.

	dog	cat	parrot	fish	Manchester	Leeds	Oxford	Newcastle
John								
Mary								
Arthur								
Sue								
Manchester								
Leeds								
Oxford								
Newcastle								

b Vervollständige die folgenden Sätze.

1. John has got a ________________________________ and
lives in ________________________________

2. Mary has got a ________________________________ and
____

3. Arthur ________________________________
____

4. Sue ________________________________
____

Grammatik

Wann verwendest du *have / has got*?

Du benutzt *have / has* got in **Aussagesätzen**, um auszudrücken, was jemand **besitzt**.

Beispiel: I have got a black bike and my brother has got a blue bike.

Welche Formen kann *have / has got* haben?

Langform	**Kurzform**
I / you / we / you / they have got	I've / you've / we've / you've / they've got
he / she / it has got	he's / she's / it's got
Beispiel: I have got a cat.	*Aber auch:* I've got a cat.

78 Sieh dir die Bilder genau an und vervollständige die Sätze mit einer Form von *have / has got.*

a Paula *has got a tennis ball.*

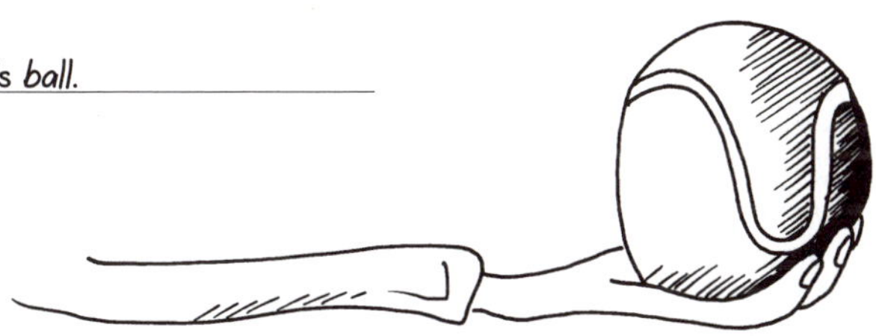

b Jane ______________________________

c Trevor and Carol ______________________________

____

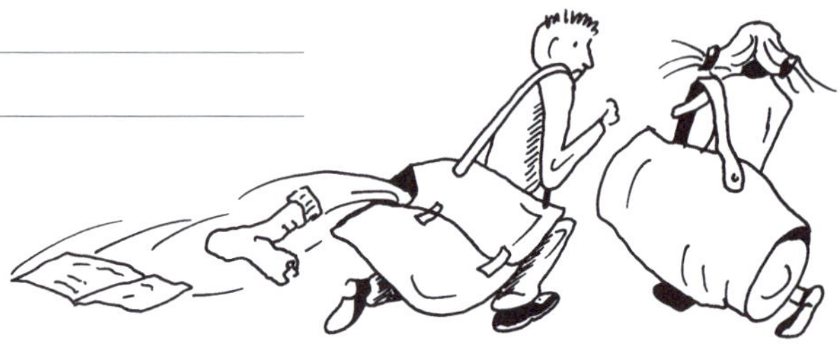

d Tony ______________________________

e Lucy ______________________________

f Pam and Fiona ______________________________

Wie bildest du die Verneinung von *have / has got*?

Du bildest **verneinte Aussagesätze** mit ***have / has got***, indem du ***not*** zwischen *have / has* und *got* einfügst.

Beispiele:	I have not got a brother.	*Ich habe keinen Bruder.*
	He has not got a pencil.	*Er hat keinen Stift.*

Langform	**Kurzform**
I / you / we / you / they have not got	I / you / we / you / they haven't got
he / she / it has not got	he / she / it hasn't got
Beispiel: I have not got a cat.	*Aber auch:* I haven't got a cat.

79 Erkläre, was jede Person besitzt und was auf jedem Bild fehlt. Lies die Vokabeln sorgfältig durch, dann vervollständige die Sätze.

a name: *ein Name*	an eye: *ein Auge*	a leg: *ein Bein*
a title: *ein Titel*	a wheel: *ein Rad*	a door: *eine Tür*
a stamp: *eine Briefmarke*		

a Tina has got a ____________ café.
The café has not got a ____________ name.

b Peter ____________ house.
The house ____________.

c Jason ____________.
____________.

d Lucy and Mike ______________________________.

____.

e Mr and Mrs Smith ___________________________.

____.

f Tony ____________________________________.

____.

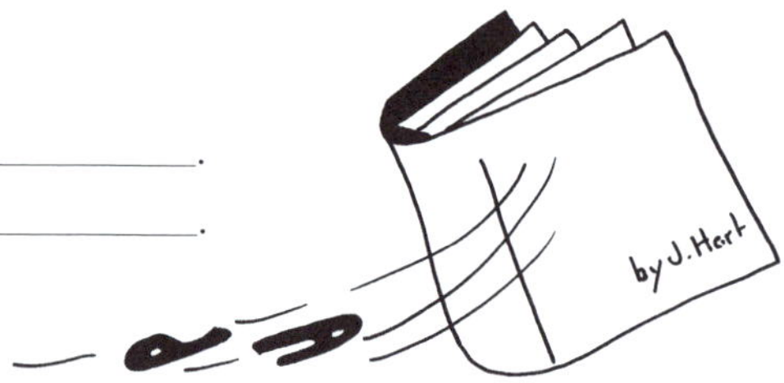

g Peter and Jane ____________________________.

____.

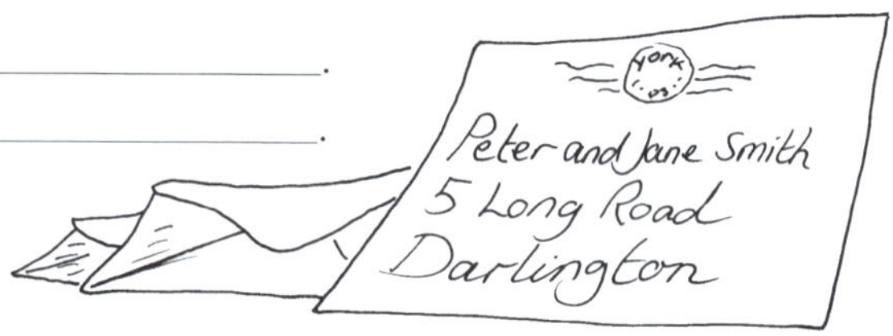

Wie bildest du eine Frage mit *have / has got*?

- Du bildest **Fragesätze mit *have / has got***, indem du *have / has* an den Anfang des Satzes und *got* zwischen Subjekt und Objekt stellst.
  Beispiel: Have you got a cat? *Hast du eine Katze?*
- Bei **Kurzantworten** auf die Fragen mit *have / has got* musst du das *got* wegfallen lassen.
  Beispiel: Have Mr and Mrs Jones got a new car? Yes, they have.
  No, they haven't.

80 Beantworte folgende Fragen und verwende Kurzantworten.
Die Antworten, die du für deine Sätze brauchst, stehen in Klammern:
(Y) = yes, (N) = no

a Have you got a pen? *(Y)*

____

b Has David got a car? *(N)*

____

c Has Jane got a bike? *(Y)*

____

d Have the houses got windows? *(Y)*

____

e Has Julie got a coat? *(N)*

____

f Have the children got a football? *(N)*

____

g Have you got a pencil? *(N)*

____

81 Schreibe das Gegenteil zu allen Antworten von Aufgabe 80 a–g.

a ______________________________

b ______________________________

c ______________________________

d ______________________________

e ______________________________

f ______________________________

g ______________________________

Wortschatz

82 Weißt du, wie einige Tiere auf Englisch heißen? Wenn du ihre Namen schon kennst, schreibe sie an die richtige Stelle.
Wenn du sie nicht weißt, dann finde sie heraus. Dazu musst du die Buchstaben der Tiernamen in die richtige Reihenfolge bringen; nur der rot gedruckte Buchstabe steht jeweils an der richtigen Stelle.
Schreibe auch die deutsche Bedeutung auf.

a	tar**b**bi	=	_ _ _ b _ _	= Kaninchen
b	top**r**ra	=	_ _ _ r _ _	=
c	so**u**em	=	_ _ u _ _	=
d	h**i**fs	=	_ i _ _	=
e	nes**k**a	=	_ _ _ k _	=
f	**h**soer	=	h _ _ _ _	=
g	d**i**br	=	_ i _ _	=

Schreiben

83 Du hast einen neuen Englischlehrer. Um ihn besser kennen zu lernen, darfst du ihm einige Fragen auf Englisch stellen.

a Haben Sie ein Haustier?

____

b Haben Sie Geschwister?

____

c Haben Sie ein großes Haus?

____

d Haben Sie einen Garten?

____

Erzähle deinem neuen Lehrer jetzt von dir und beantworte dabei die Fragen, die du gerade gestellt hast.

e ____

f ____

g ____

h ____

Test

84 Vervollständige die Sätze mit *have / has got* oder *have / has not got.*
Wenn du verneinte Sätze bilden sollst, ist dies in Klammern angegeben.

a Tom ____________________ a new bike.

b The children ____________________ a new teacher.

c Mary ____________________ a dog. *(verneinter Satz)*

d Eve and Fiona ____________________ their pens today. *(verneinter Satz)*

e The cat ____________________ a ball.

f The dogs ____________________ their biscuits. *(verneinter Satz)*

g The girls ____________________ their books. *(verneinter Satz)*

Topic 12: Zero

Mike and Sue have got a pop group. They are talking to Heike, a German fan.

MIKE: Hi, I'm Mike and this is my sister.

SUE: Hi, Heike. I'm Sue. We're from London.

MIKE: We aren't. We're from Watford.

SUE: OK. But, Watford is near London. Mike and I sing. We've got a pop group. The name of the pop group is *Zero*.

MIKE: *Zero* is a funny name but we like it.

SUE: There are five people in the pop group – Mike and I, Jenny, Jake and Robbie. Jenny and Jake play the guitars. They're from Scotland. Robbie is the drummer. He's from Newcastle.

HEIKE: Is Newcastle near Scotland?

SUE: Yes, it is. It's in the north of England.

HEIKE: Are Jake and Jenny brother and sister?

MIKE: No, they aren't. She's from Aberdeen and he's from Glasgow.

Vocabulary

funny (line 6): *komisch*
drummer (line 9): *Schlagzeuger*
the north of England (line 11): *Nordengland*

Fragen zum Text

85 Sieh dir die Landkarte an. Schreibe die passenden Buchstaben in das Kästchen.

a Where is Watford? ☐

b Where is London? ☐

c Where is Aberdeen? ☐

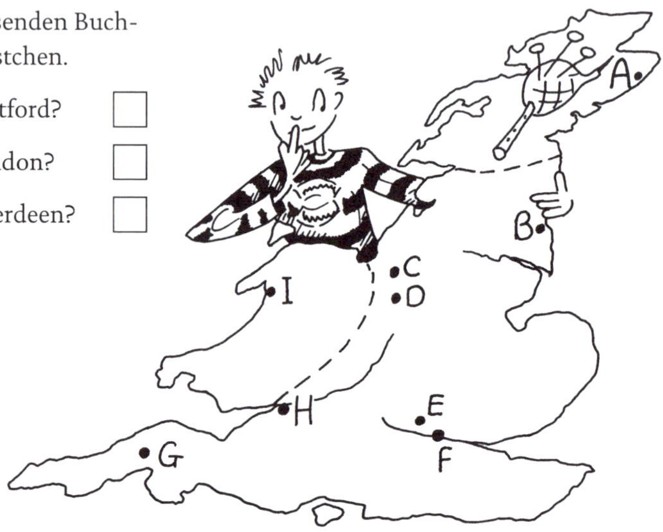

86 Schreibe die Namen der Bandmitglieder von *Zero* unter die Bilder.

87 Richtig *(true)* oder falsch *(false)*?

	true	false
a Glasgow is in England.	☐	☐
b Sue has got a sister.	☐	☐
c Mike is from Watford.	☐	☐
d Sue sings.	☐	☐
e There are three people *(Personen)* in the pop group.	☐	☐
f Two people play guitars.	☐	☐
g The drummer comes from Scotland.	☐	☐
h Robbie is from Aberdeen.	☐	☐

Grammatik

Wann verwendet man Kurzformen von *to be*?

Die Kurzformen des Verbs *to be* (dt. sein) verwendet man in **gesprochenem Englisch** besonders oft. Kurz- und Langform sind aber gleichermaßen richtig.

Welche Formen gibt es?

Langform	**Kurzform**
I am	I'm
you are	you're
he / she / it is	he's / she's / it's
we / you / they are	we're / you're / they're
Beispiel: She is Sue.	*Aber auch:* She's Sue.

Wie bildest du die Verneinung von *to be*?

Wenn du einen Satz mit einer **verneinten Aussage** formulieren möchtest, musst du eine Form von ***to be* + *not*** einfügen, um den Satz zu verneinen.

Langform	**Kurzform**
I am not	I'm not
you are not	you aren't
he / she / it is not	he isn't / she isn't / it isn't
we / you / they are not	we aren't / you aren't / they aren't
Beispiel: They are not from London.	*Aber auch:* They aren't from London.

88 Hier sind einige Kurzformen von *to be*, die du im Text finden kannst. Schreibe die Langformen auf Englisch auf und übersetze sie.

a I'm ___I am___ ___ich bin___

b we're ______ ______

c we aren't ______ ______

d they're ______ ______

e he's ______ ______

f it's ______ ______

g they aren't ______ ______

89 Sieh dir die Bilder genau an und bilde dann Sätze mit verneinten und bejahten Aussagen.

a 

(England)
He isn't from England.
He's ____________________

b 

(drums)
____
____

c 

(doctor)
____
____

d 

(table)
____
____

e 

(cars)
____
____

Wie bildest du Fragesätze mit *to be*?

- Du bildest Fragesätze mit *to be*, indem du die Form von ***to be***, die im Aussagesatz nach dem Subjekt steht, an den **Anfang** des Fragesatzes stellst.
  Beispiel: They are brother and sister. Are they brother and sister?
- **Kurzantworten** auf Fragen mit *to be* sind ebenso möglich. Aber **Achtung:** Wenn du mit „ja" antwortest, darfst du die Kurzform von *to be* nicht verwenden.
  Beispiel: Are they from Aberdeen? No, they are not. / No, they aren't.
  Yes, they are.

90 Lies den Text noch einmal.
Beantworte dann die folgenden Fragen.

a Are Mike and Sue brother and sister?

____

b Is the name of the band *Not4B*?

____

c Is Sue from London?

____

d Is Jake from Scotland?

____

e Are the singers *(Sänger)* from America?

____

Wortschatz

91 Welches Wort passt nicht in die Liste? Streiche es durch und erkläre kurz auf Deutsch, warum es nicht zu den anderen Wörtern passt.

a Mum – Dad – sister – ~~friend~~

Ein Freund ist kein direktes Familienmitglied.

b hi – hello – bye – good morning

____

c is – am – not – are

____

d drummer – music – doctor – teacher

____

e songs – drums – cars – guitars

____

f speak – talk – play – say

____

g sister – mother – aunt – boy

____

92 Schreibe die Übersetzung der Wörter in die erste Spalte und die Gegenteile zu jedem Wort (auf Englisch und Deutsch) in die zweite und dritte Spalte.

a	like	mögen	≠	hate	gar nicht mögen (hassen)
b	north		≠	south	Süden
c	sister		≠		
d	from		≠		
e	near		≠		
f	yes		≠		

Schreiben

93 Dein englischer Brieffreund stellt dir folgende Fragen über dich. Beantworte sie mit ein paar Zeilen auf Englisch:

- Wie heißt du?
- Wie alt bist du?
- Was ist deine Lieblingspopgruppe?
- Wo wohnst du?
- Hast du Geschwister?
- Hast du ein Lieblingslied?

____

____

____

____

____

____

Topic 13: The Sun Hotel

The Sun Hotel

Every bedroom has got a sea view.
It is a small hotel with fourteen bedrooms.
We have got big double, single and family rooms.
There is a very good restaurant.
There is a television in every bedroom.
We like families – and dogs.
Friendly.

Fragen zum Prospekt

94 Der Besitzer des Hotels, Herr George, will eine Homepage für sein Hotel auf Deutsch erstellen, weiß aber einige Wörter nicht.
Kannst du ihm bei den fehlenden Wörtern helfen?

a __________ __________ hat Meerblick.

b Es ist ein __________ Hotel mit __________ Zimmern.

c Wir haben __________ Doppel-, Einzel- und __________.

d Es __________ ein sehr gutes Restaurant.

e Es __________ einen __________ in __________ Zimmer.

f Wir __________ __________ – und __________.

g Freundlich.

95 Sind die Sätze über das Hotel richtig *(true)* oder falsch *(false)*?
Hake (✓) die richtige Antwort ab.

	true	false
a The hotel is near the sea.	☐	☐
b The hotel is very big.	☐	☐
c The rooms are small.	☐	☐
d The restaurant is not very nice.	☐	☐
e Ten bedrooms have got televisions.	☐	☐
f People bring their dogs to the hotel.	☐	☐
g The people in the hotel are nice.	☐	☐

Grammatik

Wie bildest du verneinte Sätze mit *to do*?

Du bildest die Verneinung mit *to do*, wenn es **keine Form von *to be*** und **auch kein Hilfsverb** (z. B. *can, must, have*) im Satz gibt. Du musst ***don't (do not)*** und in der 3. Person Singular ***doesn't (does not)*** einfügen.

Beispiele:	They like dogs.	They don't like dogs.
	She plays football.	She doesn't play football.

Beachte: Das Verb steht in der **Infinitiv-Form**, aber es steht **kein *to*** dabei. Dies gilt auch für die 3. Person Singular *(he/she/it)*.

Beispiele:	I don't swim.	She doesn't swim.

96 Zwei Familien übernachten im Hotel. Eine Familie ist sehr merkwürdig.

- The man sleeps *(schlafen)* on the floor.
- The two sisters sing.
- The woman watches television at 2 o'clock in the morning.
- They eat at midnight *(Mitternacht)*.
- He wears black clothes *(Kleidung)*.
- They run in the hotel.
- She takes photographs in the night.

Die andere Familie ist genau das Gegenteil.
Beschreibe die zweite Familie und verwende *don't* oder *doesn't*.

a The man ____________________ sleep on the floor.

b ____ c ______________________________

d ______________________________

e ______________________________

f ______________________________

g ______________________________

Wie bildest du Fragen mit *to do*?

- Du bildest eine Frage mit ***do / does***, wenn ein Satz keine Form von *to be* und kein Hilfsverb enthält. Dabei stellst du die Form von *to do* an den **Anfang des Satzes**.
  Beispiel: I play tennis. Do you play tennis?
- Die **Satzstellung** sieht folgendermaßen aus. Präge sie dir gut ein!

	do / does	+ Subjekt	+ Verb	+ Objekt
Beispiel:	Does	he	like	music?

Beachte: Das Verb steht in der **Infinitiv-Form**, aber es steht **kein *to*** dabei. Dies gilt auch für die 3. Person Singular (*he/she/it*).

97 Du sprichst mit einigen Hotelgästen. Was fragst du sie?
Bilde Fragen mit *do* oder *don't*.

a ___Do___ the boys ___play___ on the beach every day?
Spielen die Jungen jeden Tag am Strand?

b __________ you __________ the hotel?
Magst du das Hotel?

c __________ Mr George __________ you?
Kennt euch Herr George?

d ______________________________
Isst du jeden Tag ein englisches Frühstück?

e ______________________________
Denkt Peter, dass das Hotel schön ist?

f ______________________________
Arbeitet Jenny im Hotel?

g ______________________________

Seht ihr jeden Abend fern?

h ______________________________

Wohnt ihr in London?

i ______________________________

Magst du Hunde?

Wie bildest du Antwortsätze mit *to do*?

Auf Fragen mit *do / does* kannst du **Kurzantworten** geben. Diese werden so gebildet:

Do I / you / we / you / they …?	No, I / you / we / you / they don't. Yes, I / you / we / you / they do.
Does he / she / it …?	No, he / she / it doesn't. Yes, he / she / it does.

Beispiele:

Do you live in Glasgow?	Yes, I do. / No, I don't.
Does he like pets?	Yes, he does. / No, he doesn't.

98 Du stellst Herrn George einige Fragen zu seinem Hotel.
Vervollständige die Fragen und beantworte sie dann. *(Y) = yes, (N) = no*

a ____________ the bedrooms have television?

(Y) ______________________________

b ____________ you have big bedrooms?

(Y) ______________________________

c ____________ I get a newspaper *(Zeitung)* every morning?

(N) ______________________________

d ____________ Mrs George work in the hotel?

(N) ______________________________

e ____________ Charlie, your dog, like people?

(Y) ______________________________

f ____________ we get a big breakfast?

(Y) ______________________________

Wortschatz

99 Hier ist eine Liste von Dingen, die du vielleicht bekommst, wenn du ein englisches Frühstück bestellst.

Essen: *egg / sausage / bacon / tomato / toast*

Gegenstände: *plate / cup of tea / saucer / fork / knife*

a Schreibe die Wörter auf Deutsch.

egg	______	saucer	______
sausage	______	tomato	______
bacon	______	toast	______
plate	______	fork	______
cup of tea	______	knife	______

b Beschrifte das Foto mit den neuen Wörtern.

①	knife	⑥	______
②	______	⑦	______
③	______	⑧	______
④	______	⑨	______
⑤	______	⑩	______

Schreiben

100 Löse die Aufgaben und schreibe die Sätze auf Englisch.

a Frage jemanden, ob sein Bruder Katzen mag.

____

b Frage jemanden, ob seine Freundin Tennis spielt.

____

c Sage jemandem, dass dein Onkel nicht Auto fährt.

____

d Sage jemandem, dass deine Schwestern nicht in einer Wohnung wohnen.

____

Test

101 Vervollständige folgende Sätze.

a ____________ we see Big Ben in London? Yes, ____________

b ____________ you come from Scotland? No, ____________

c ____________ Jane play football? Yes, ____________

d Kim ________________ chocolate. *(not like)*

e Mr and Mrs Evans ________________. *(not drive)*

f Jane and I ____________________. *(not swim)*

g ____________ the girl ____________ in a flat? *(live)*

h ____________ the children ____________ English? *(learn)*

Topic 14: The village ghost

Mike und Karen wollen wissen, in welchem Haus im Dorf ihres Onkels es spukt.

Karen and Mike always go to their uncle's house in the summer holidays. He has got a very big house in a small village. Karen and Mike like the big house but in the village there is a ghost.

"Where does the ghost live?" asks Karen.

"I don't know," answers Mike. "Martha lives in the small house near John. Jane and Peter have got a tree in their garden. Colin works in the shop and his house is near it. The postman never goes into Matthew and Sue's garden. They have got a big dog. John drives Sir Reginald Rednose's car. He is the chauffeur and lives near the bus stop. Sir Reginald plays golf in his garden! Mrs Graham often sits in her garden and reads her book."

"Look, Mike! That's the house with the ghost!" Karen says.

Fragen zum Text

102 Wer wohnt wo?

name	house name
Mike and Karen's uncle	
Martha	
Jane and Peter	
Colin	
John	
Sir Reginald Rednose	
Mrs Graham	
Matthew and Sue	

103 Welches Haus ist unbewohnt? In diesem Haus spukt es!

house name: ______________________________

104 Vervollständige die Sätze. Hake (✓) jeweils das richtige Satzende ab.
Dann schreibe den ganzen Satz auf Deutsch.

a The village …
- ☐ is very big.
- ☑ has got a ghost.
- ☐ is near a big town.

In German: *Im Dorf gibt es ein Gespenst.*

b The children visit *(besuchen)* their uncle …
- ☐ in April.
- ☐ in August.
- ☐ in October.

In German: ______________________________

c The house with the ghost …
- ☐ is their uncle's house.
- ☐ is the big house.
- ☐ is in the village.

In German: ______________________________

d Colin lives near …
- ☐ his work.
- ☐ Karen and Mark's uncle.
- ☐ the postman.

In German: ______________________________

e The postman doesn't like …
- [ ] Matthew and Sue.
- [ ] his work.
- [ ] dogs.

In German: ______________________________

f Sir Reginald Rednose …
- [ ] drives a big car.
- [ ] is the children's uncle.
- [ ] likes golf.

In German: ______________________________

g Mrs Graham has got …
- [ ] a bench *(Bank)* in her garden.
- [ ] a big garden.
- [ ] the house with the ghost.

In German: ______________________________

Grammatik

Wann verwendest du das *simple present*?

Du verwendest das *simple present* (Gegenwart) für:

- unveränderliche Zustände
  Beispiel: Karen and Mike like the big house. *Karen und Mike gefällt das große Haus.*
- regelmäßige Ereignisse
  Beispiel: I play golf every day. *Ich spiele jeden Tag Golf.*
- aufeinander folgende Handlungen
  Beispiel: First I sit on a chair, then I read my book.
  Zuerst setze ich mich auf einen Stuhl, dann lese ich mein Buch.

Wie bildest du das *simple present*?

- Die Verbform des *simple present* sieht aus wie der **Infinitiv**.
  Beispiel: I / You / We / They read books.
- Die **3. Person Singular** wird auf **-*s*** gebildet.
  Beispiel: He / She / It sees the dog.

Formen

read – reads	Im Normalfall: Verb + -s
teach – teaches	Bei Verben, die auf *ch* enden, wird -*es* angehängt. (ebenso bei go – goes, do – does)
carry – carries	Wenn am Ende des Verbs ein Konsonant + y steht, so wird das y umgewandelt in *i* + -*es*.

105 Schreibe die folgenden Verben in der 3. Person Singular *(he / she / it)*.

- **a** sit ____________
- **b** hurry ____________
- **c** find ____________
- **d** phone ____________
- **e** try ____________
- **f** go ____________
- **g** watch ____________
- **h** teach ____________
- **i** play ____________
- **j** do ____________

106 Vervollständige folgende Sätze im *simple present*.
Die Verben, die du für die Sätze brauchst, sind durcheinander geraten.

drive – like – sleep – open – carry – go – buy – work – listen to – answer

- **a** John and Mrs Graham ____________ new cars.
- **b** I ____________ the big house.
- **c** Karen and Mike ____________ the man's question.
- **d** Harry ____________ with Colin in the shop.
- **e** Martha ____________ a bag.
- **f** We ____________ milk at the shop.
- **g** Matthew and Sue ____________ music every day.
- **h** Colin ____________ the door.
- **i** The dog ____________ in the chair.
- **j** Karen ____________ to the cinema on Wednesday.

Wie erkennst du, dass du das *simple present* verwenden musst?
Es gibt einige **Signalwörter**, die dir anzeigen, dass du jetzt das *simple present* verwenden musst. Lerne diese Wörter auswendig:

every day	*täglich*	often	*oft*
sometimes	*manchmal*	never	*nie*
always	*immer*	usually	*gewöhnlich*
on Mondays / Tuesdays …	*montags / dienstags …*		

Beispiel: She often reads a book. *Sie liest oft ein Buch.*

107 Sieh dir die folgenden Bilder genau an und vervollständige die Sätze.

a

John ______________________________
to work.

b

Martha ______________________________
television in bed.

c

Matthew and Sue ______________________
chocolate.

d

Mrs Graham _________________________
her books.

e

Mike ________________________ handball
________________________.

Simple present bei aufeinander folgenden Handlungen

Wie du bereits gelernt hast, benutzt du das *simple present* bei aufeinander folgenden Handlungen. Folgende **Signalwörter** zeigen dir, dass jetzt mehrere Handlungen direkt nacheinander ablaufen:

first …, then …	*zuerst … dann …*		
after that	*danach*	at last	*schließlich*
next	*als Nächstes*	soon	*bald*

Beispiel: First I open the door, then I close it.
Zuerst öffne ich die Türe, dann schließe ich sie.

108 Schreibe passende Sätze zu den Bildern.

a
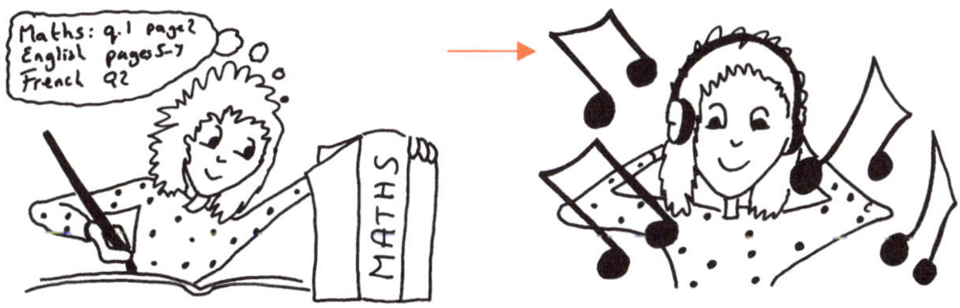

First I ________________ my ________________, then I ________________.

b

First Mike ____

then ____

c
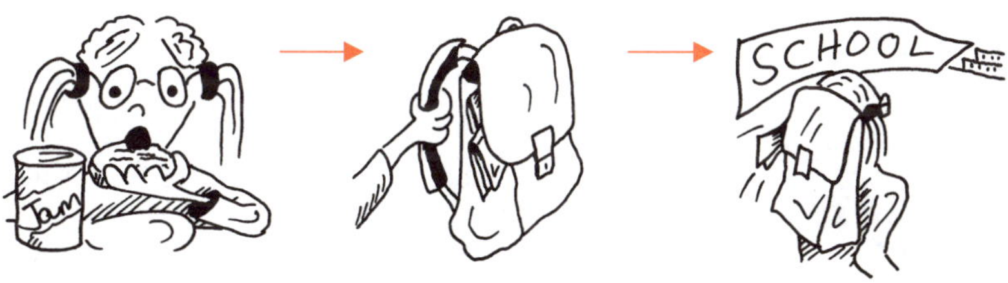

First Karen ____

____

Wortschatz

109 Onkel John bittet Mike und Karen, etwas aus seinem Keller zu holen:

Kannst du die folgenden Gegenstände im Keller finden?
Kreise sie auf dem Bild ein.

the book – the table – the chair – the picture – the boat – the ghost – the monster

Schreiben

110 Du bist in einem Feriencamp in England und zu Beginn wird ein Kennenlernspiel gemacht. Jeder soll ein paar Sätze über die Person sagen, die neben ihm/ihr steht. Michael hat die Aufgabe nicht richtig verstanden und hat über sich selbst gesprochen. Du kannst das sicher besser!
Schreibe die folgenden Sätze noch einmal, aber dieses Mal über eine andere Person. Die Wörter, die du vielleicht ändern musst, sind unterstrichen.

Hello, my name is <u>Michael</u>. <u>I go</u> to school in <u>Bonn</u>. <u>I usually go by bus</u> to school. <u>I have</u> got school until <u>1.00</u> p.m. <u>I have</u> got afternoon lessons <u>on Wednesdays</u>, too. <u>I often play tennis</u> but <u>I never play hockey</u>. <u>I sometimes go to the cinema</u> on Saturdays. <u>I usually</u> go to bed at <u>8.00</u> p.m.

Hello, my partner's name is ______________. He/She goes ______________

____

____

____

____

____

Test

111 Vervollständige folgende Sätze.

a Sandra ______________________ English. *(speak)*

b We ______________________ golf. *(play)*

c Geoff and Gwen ______________________ films. *(like)*

d Carol ______________________ her bag every day. *(carry)*

e Greg ______________________ a big car. *(drive)*

f Simon sometimes ______________________ television but he usually ______________________ books. *(watch – read)*

g You and I often ______________________ shopping on Saturday. *(go)*

h My cat ______________________ cheese! *(eat)*

i I often ______________________ music. *(listen to)*

Topic 15: The window cleaners

Dave und Wendy besuchen London und sehen ungewöhnliche Fensterputzer.

Wendy: Hey, Dave. Look up there. What are they doing?

Dave: They're cleaning the windows.

Wendy: They've got a good view. What are they talking about?

Dave: I don't know. I'm sitting here with you. I'm not up there with them.

Wendy: Maybe those statues are listening to them!

Dave: Or they're talking about you! 'Hey, Harold. Can you see the woman with the funny red hat? She's watching us. Oh, no! Now she's taking a photo!'

Wendy: Stop it, Dave. You're not funny.

Dave: OK, but you're always taking photos of funny things.

Wendy: No, I'm not.

Dave: No? What about the photo of the starfish in Scotland? Who wants a photo of a starfish?

Wendy: I do. I like taking photos. It's interesting, Dave. – It's my hobby, you know that.

Dave: So, we go home and our friends say 'Can we see your holiday photos?' and you say – 'Of course. Look here's a starfish – it's lying on a beach – and here are two men – they're cleaning windows.' Can't you take some real photos – Big Ben is nice.

Wendy: I don't take holiday photos, Dave!

Vocabulary

view (line 4): *Blick*
statue (line 9): *Statue*
funny (line 13): *komisch/witzig*
starfish (line 19): *Seestern*
beach (line 24): *Strand*

Fragen zum Text

112 Sieh dir die Fotos (A–F) genau an. Welche von ihnen passen zum Text? Schreibe neben den Buchstaben des Fotos den passenden Textteil. Wo es keine Textteile für die Fotos gibt, schreibe ein ✗.

Photo A: Big Ben is nice. (line 26)

Photo B: What about the photo

Photo C: __________

Photo D: __________

Photo E: __________

Photo F: __________

113 Sind die Sätze richtig *(true)* oder falsch *(false)*?
Hake (✓) die richtige Antwort ab.

		true	false
a	One man is cleaning the windows.	☐	☐
b	Dave and Wendy are walking.	☐	☐
c	The statues are listening to Dave.	☐	☐
d	Wendy has got a camera.	☐	☐
e	Wendy is wearing a hat.	☐	☐
f	There are a lot of starfish in London.	☐	☐
g	Dave likes Wendy's photos.	☐	☐
h	Dave and Wendy are on holiday.	☐	☐

Grammatik

Wann verwendest du das *present progressive*?

Du benutzt das ***present progressive*** (Verlaufsform der Gegenwart), um auszudrücken, was zum Zeitpunkt des Sprechens **gerade geschieht**. Im Deutschen drückst du dies mit Adverbien wie „gerade" aus.

Beispiel: He is driving a car. *Er fährt gerade Auto.*

Wie bildest du die *progressive form* (-*ing*-Form)?

sing	–	singing	Im Normalfall: Verb + -*ing*
sit	–	sitting	Wenn der vorausgehende Vokal kurz ist und die letzte Silbe betont wird: Verdoppelung des Konsonanten.
write	–	writing	Wenn das Verb mit einem -*e* endet, so fällt dieses weg.
lie	–	lying	Aus -*ie* am Ende des Verbs wird -*y*.

114 Schreibe die Verlaufsform (-*ing*-Form) der Verben auf.

a play ____________________ b go ____________________

c use ____________________ d give ____________________

e speak ____________________ f win ____________________

g run ____________________ h carry ____________________

i hurry ____________________ j drive ____________________

Wie bildest du das *present progressive*?

Du bildest das *present progressive*, indem du nach das Subjekt die passende **Form von *to be*** und das **Verb in der -*ing*-Form** stellst.

Beispiele: I am thinking. (Kurzform: I'm thinking.) — *Ich denke gerade nach.*
She is learning English./She's learning English. — *Sie lernt gerade Englisch.*

115 Hier sind Sätze aus dem Text, in denen das *present progressive* verwendet wird. Das Subjekt jedes Satzes und die passende Form von *to be* sind unterstrichen. In den Klammern hinter dem Satz findest du ein weiteres Subjekt. Verwende es, um einen neuen Satz zu schreiben.

a What are they doing? *(he)*
What's he doing?

b They're cleaning the windows. *(I)*

c What are they talking about? *(she)*

d I'm sitting here. *(we)*

e Maybe those statues are listening to them. *(it)*

f She's watching us. *(they)*

g It's lying on the beach. *(you)*

Wie bildest du die Verneinung im *present progressive*?

Verneinte Sätze, in denen das ***present progressive*** verwendet wird, bildest du, indem du ***not* zwischen** die Form von ***to be*** und das Verb in der **-*ing*-Form** setzt.

Beispiel: He is not reading./He isn't reading. — *Er liest gerade nicht.*

Wenn du diese Form benutzt, kannst du sagen, was gerade **nicht** passiert.

116 Schau dir die Bilder genau an. Schreibe zwei Sätze zu jedem Bild.
Sage …
- was gerade nicht passiert …
- und was wirklich gerade passiert.

a

She ______________________ drawing.

She ______________________ reading.

b

He ______________________ running.

____

c

______________________ working.

______________________ television.

d

I'm ______________________ singing.

____

e

Peter ________________ phoning his mum.

____

Wortschatz

Manchmal gibt es im Englischen verschiedene Wörter für ein deutsches Wort. Sieh dir diese Liste für „fahren“ an und präge dir die Unterschiede ein.

to drive …	**to ride …**	**to go by …**
a car a bus a van *(Lieferwagen)* a lorry *(LKW)* a train *(Zug)*	a bike a motorbike *(Motorrad)*	bus train plane *(Flugzeug)* car
aber *nur wenn* ***du der Fahrer*** *bist.*		*wenn du der* ***Passagier*** *bist.*

117 Was tun die Leute in diesem Augenblick?
Schreibe jeden Satz auf Englisch und verwende das *present progressive*.

a Daniela fährt Auto.

b Peter fährt mit dem Bus in die Schule.

c Jenny fährt Motorrad.

d Peter und Michael fahren Fahrrad.

e Ich fahre mit dem Zug nach London.

f Mr James fährt einen Zug. *(Er ist Lokführer von Beruf.)*

Schreiben

118 Du verwendest das *present progressive*, um zu sagen, was auf einem Foto oder einem Bild gerade geschieht. Auf dem folgenden Bild sind fünf verrückte Dinge dargestellt. Schreibe passende Sätze dazu.
Einige Wörter, die du dazu brauchst, sind in der Zeichnung versteckt.

a The teacher ______

b ______

c ______

d ______

e ______

Test

119 Vervollständige die folgenden Sätze.

a The woman ______ a book. *(read)*

b The boys ______ in the garden. *(play)*

c The dog ______ at the cat. *(look)*

d They ______. They ______. *(not run – walk)*

e You ______ a nice picture. *(paint)*

f Petra ______ a new car. She ______ her bike. *(not drive – ride)*

Topic 16: But I'm almost 10!

Sam and Julia Robins are in an amusement park (Erlebnispark) *with their mother.*

"Can I go to the castle?" asks Sam.

"Yes, of course you can," answers his mum.

"Can I go, too?" asks Julia.

"No, you can't. You're only 9," her mum says.

"But I'm almost 10."

"I know, but you can't go in. Read that sign over there. What does it say?"

Julia reads the sign. "It says, 'Only children over 10 may go into the castle.' I know, but I'm almost 10."

"I'm sorry, Julia," her mum says, "but you're only 9. You can go on those ponies over there."

"Can I?" answers Julia.

"Yes, of course, but you must wash your hands afterwards."

"I want to go on the ponies, too," says Sam.

"Look over there, Sam," says Julia. "There's a sign for you, too."

"Oh, no! 'Children over 10 may not go on the ponies.'"

Vocabulary

sign (line 7): *Schild*
afterwards (line 12): *danach*

Fragen zum Text

120 Beantworte folgende Fragen mit kurzen Antworten.

a What are the names of the children?

____

b Why can the boy go into the castle?

____

c How old is the girl?

____

d Mrs Robins knows that Julia can't go in the castle. How?

____

e What can the girl do?

____

f May the boy go on the ponies?

____

Grammatik

Was sind modale Hilfsverben?

Verben wie ***must***, ***can*** und ***may*** nennt man modale Hilfsverben. Sie haben **bei allen Personen die gleiche Form**.

1. Person Singular	I must	*1. Person Plural*	we must
2. Person Singular	you must	*2. Person Plural*	you must
3. Person Singular	he, she, it must	*3. Person Plural*	they must

Wie ist die Wortstellung bei *must*, *can* und *may*?

- In Aussagesätzen steht das **Verb nach dem modalen Hilfsverb** *must*, *can* oder *may*.
  Beispiel: She can walk to school.
- In Fragen mit *can*, *must* und *may* steht das **Verb nach dem Subjekt**.

	can +	Subjekt +	Verb +	Objekt
Beispiel:	Can	you	do	your homework?

Wann verwendest du *must*?

- ***Must*** wird benutzt, wenn etwas **notwendig** ist.
  Beispiel: I must wash my hands. *Ich muss meine Hände waschen.*
- Um auszudrücken, was man **nicht tun darf**, verwendet man ***must not***. Gewöhnlich wird die Kurzform ***mustn't*** gebraucht.
  Beispiel: You mustn't play on the road. *Du darfst nicht auf der Straße spielen.*

121 Im Erlebnispark gibt die Mutter Sam und Julia einige Anweisungen. Welche sind es?
Sieh dir die Bilder und die vorgegebenen Wörter genau an.

a Sam ______________________________.

b Sam ______________________________

______________________ over there.

c Julia ______________________________

______________________________.

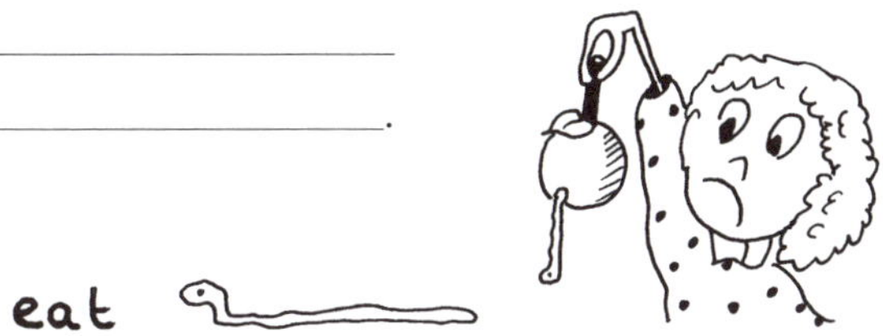

d Sam und Julia ______________________________

______________________________.

e Sam ______________________________

______________________________.

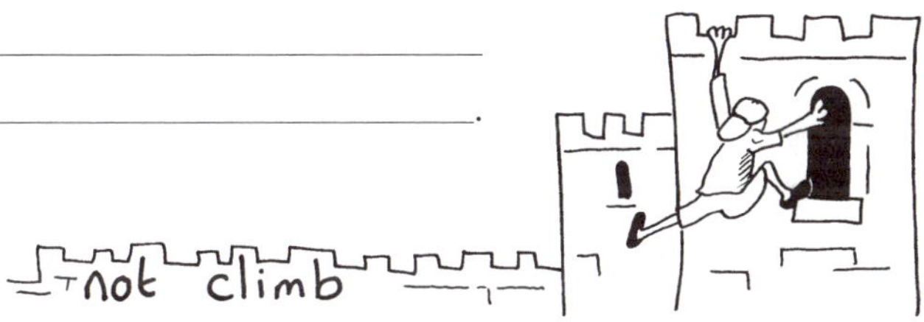

f Julia ______________________________

______________________________.

Wann verwendest du *can*?

Du benutzt ***can***, wenn du ausdrücken willst, dass etwas **möglich** ist, oder dass jemand die **Fähigkeit** besitzt, etwas Bestimmtes zu tun. Bei der **Verneinung** wird im gesprochenen und geschriebenen Englisch häufig die Kurzform *can't* verwendet, die Langform ist *cannot*.

Beispiele: I can swim. — *Ich kann schwimmen.*
She can't/cannot swim. — *Sie kann nicht schwimmen.*

122 Bilde Aussagesätze mit *can*. Verwende dafür die Informationen in Klammern.

a Her mother can read English.
(her mother / English / read)

b ______________________________
(Sam / to the castle / go)

c ______________________________
(go / Julia / on the ponies)

d ______________________________
(Sam / on the ponies / not go)

e ______________________________
(football / they / play)

f ______________________________
(television / watch / we)

g ______________________________
(not find / Mary / her DVD)

Wann verwendest du Fragen mit *can* und *may*?

- Du verwendest ***can***, wenn du fragen willst, ob jemand eine bestimmte **Fähigkeit** hat.
  Beispiel: Can he drive? — *Kann er Auto fahren? (Ist er dazu in der Lage?)*
- ***Can*** oder ***may*** gebrauchst du, um nach **Erlaubnis** zu fragen. *May* ist höflicher als *can*. Es gibt aber **keine Kurzform** von *may not*.
  Beispiele: May I go home, now? — *Darf ich jetzt nach Hause gehen?*
  Yes, you may./No, you may not. — *Ja, du darfst./Nein, du darfst nicht.*
  Can she play with us? — Darf sie mit uns spielen?
  Yes, she can./No, she can't. — Ja, sie darf./Nein, sie darf nicht.

123 Sieh dir die Bilder genau an und schreibe eine passende *can*-Frage zu jedem Bild.

a *Can she phone home?*

b ______

c ______

d ______

e ______

f ______

124 Sam und Julia wollen besonders höflich sein.
Hilf ihnen, Fragen mit *may* zu bilden.

a Sam and Julia want to listen to music.

May we listen to music?

b Sam wants to close the window in his classroom.

______

c Julia wants to go to the toilet.

______

d Sam and Julia want to watch a film.

____

e Sam wants to use his mobile phone *(Handy)*.

____

f Sam and Julia want to help their teacher.

____

Wortschatz

125 Sieh dir den Buchstabensalat genau an.
Wie viele Wörter kannst du aus den sechs Buchstaben bilden?

____

____

____

____

____

____

Schreiben

126 Kannst du *must*, *can* und *may* richtig verwenden? Lies die Anweisungen sorgfältig durch und schreibe danach die passenden englischen Fragen.

a Sage jemandem, dass er ... Frau Graham anrufen muss.
... das Fenster nicht schließen darf.
... London besuchen muss.

____

____

____

b Frage jemanden höflich, ... ob du Fußball spielen kannst.
... ob du etwas trinken kannst.
... ob du Musik hören kannst.

____

____

____

c Sage, welcher deiner Freunde ... schwimmen
... Englisch reden
... Handball spielen kann oder nicht kann.

____

____

____

Test

127 Vervollständige den folgenden Text.

Martina and Thomas ________________ go to London but their dog ____________ go with them. "In London, we ____________ see the Tower of London," says Martina. "________________ we go to the London Eye, too?" asks Thomas. "Yes, of course you ____________," answers their mum. "But we ____________ go to the Tower of London and the London Eye on the same day."

Topic 17: Life in London

Some boys and girls are asking their new teacher, Miss Jolly, about her life in London.

PUPILS: How do you get to school?

MISS JOLLY: I usually go by Underground because it is very fast but sometimes I go home by bus.

PUPILS: Why do you sometimes go home by bus?

MISS JOLLY: I like London and all the interesting buildings. On the Underground you just see people. People, people and more people.

PUPILS: Do you go to the theatre or the cinema?

MISS JOLLY: I never go to the London theatres because they are very expensive but I go to the cinema sometimes.

PUPILS: What do you do at the weekends?

MISS JOLLY: I often go shopping in Oxford Street. There are lots of good clothes shops there. I often visit friends, too, and we sometimes go to a restaurant. What do you do?

PUPILS: The boys usually play computer games!

MISS JOLLY: Yuk, I never do that!

PUPILS: Yeah, and the girls are always texting their friends!

MISS JOLLY: OK, I sometimes do that, too.

Vocabulary

interesting (line 5): *interessant*
expensive (line 8): *teuer*
lots of (line 11): *viele*

Fragen zum Text

128 Sind die folgenden Sätze richtig *(true)* oder falsch *(false)*?
Hake (✓) die richtige Antwort ab.

		true	false
a	Miss Jolly works in the children's school.	☐	☐
b	She likes London buses.	☐	☐
c	Miss Jolly doesn't like the theatre.	☐	☐
d	She often goes shopping in Oxford.	☐	☐
e	She never buys clothes in London.	☐	☐

f Sometimes she visits her family at the weekends. ☐ ☐

g She doesn't like computer games. ☐ ☐

h She hasn't got a mobile phone *(Handy)*. ☐ ☐

129 Was denken die Jungen über die Mädchen und die Mädchen über die Jungen? Antworte in vollständigen englischen Sätzen.

___

___

___

___

Grammatik

Welche Adverbien der Häufigkeit solltest du kennen?

Hier sind die wichtigsten Adverbien der Häufigkeit. Lerne sie auswendig, denn du wirst sie oft benötigen.

always	*immer*	usually	*gewöhnlich, in der Regel*
often	*oft*	sometimes	*manchmal*
never	*nie*		
Beispiel:	I often go shopping.	*Ich gehe oft einkaufen.*	

An welche Stelle im Satz stellst du die Adverbien?

Es gibt zwei Möglichkeiten, wo die Adverbien der Häufigkeit stehen können:

- unmittelbar **vor** dem **Vollverb**
  Beispiel: She never goes to the theatre.
- **zwischen** dem **Hilfsverb** und dem **Vollverb** (aber nur bei einer zusammengesetzten Zeit) oder **nach einer Form von *to be***
  Beispiele: They can always go by bus. *Sie können immer mit dem Bus fahren.*
  We are usually late. *Wir kommen gewöhnlich zu spät.*

Merke: *sometimes* ist ein Sonderfall. Es ist **das einzige** Häufigkeitsadverb, das du **auch an den Anfang oder an das Ende** eines Satzes setzen kannst.

Beispiel: Sometimes she goes to a restaurant. *Manchmal geht sie in ein Restaurant.*
She goes to a restaurant sometimes. *Sie geht manchmal in ein Restaurant.*

130 Bringe folgende Wörter in die richtige Reihenfolge, sodass sie Sätze ergeben. Wenn du *sometimes* verwendest, schreibe alle Möglichkeiten auf.

a friends – visits – Miss Jolly – often

b they – go – sometimes – to Scotland

c phone you – always – I – can

d plays – sometimes – football – Sue

e Tony – at home – never – is

f read – books – we – usually

g you – on the road – never – play – must

h my bike – ride – I – never

i are – on holiday – often – we

Wortschatz

131 Wie heißt Londons berühmtestes Geschäft?
Schreibe die Lösungen des Rätsels auf Englisch an die richtigen Stellen. Die grau markierten Kästen ergeben den Namen des Geschäfts.

1. Miss Jollys Beruf
2. immer
3. nie
4. die Londoner U-Bahn
5. ein Handy *(nur das erste Wort)*
6. Samstag und Sonntag
7. teuer

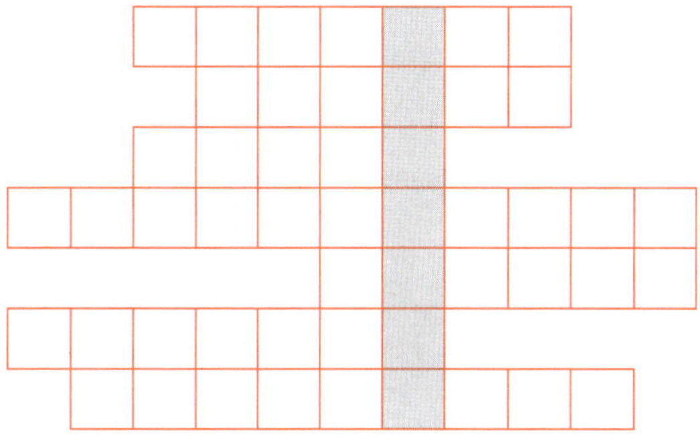

Schreiben

132 Schreibe fünf Sätze über dich selbst.
Verwende jeweils ein Häufigkeitsadverb und das Wort in Klammern.

a *(computer games)* I never play computer games.

b *(books)* ______________________________

c *(cinema)* ______________________________

d *(football)* ______________________________

e *(fly)* ______________________________

f *(walk to school)* ______________________________

Test

133 Schreibe jeden Satz neu und verwende dabei das Häufigkeitsadverb, das in Klammern steht. Gib bei *sometimes* wieder alle Möglichkeiten an.

a I am happy. *(always)*

____

b New clothes are expensive. *(often)*

____

c Georgina visits her uncle in America. *(sometimes)*

d We phone my grandparents every weekend. *(usually)*

e I read books. *(never)*

f My neighbour gives my dog a biscuit. *(sometimes)*

134 Schreibe das Gegenteil von dem, was dein deutscher Freund sagt – auf Englisch natürlich. Das unterstrichene Wort muss geändert werden.

a Mary hört <u>immer</u> Musik.

b Peter und Anna fahren <u>nie</u> nach London.

c Linda spielt <u>oft</u> Tennis.

d Ich esse <u>manchmal</u> Schokolade.

e Ich gehe <u>selten</u> zu Fuß in die Schule.

Topic 18: Sam

"I can't see Sam today," says Paula to her friends on the island.
"Good!" answer her friends, "Rufus only goes into the sea to swim and to get his lunch when Sam isn't there. Poor Rufus, he's hungry today."
"Look, there's Sam! Quick, Rufus, get out of the sea!"
"Hi," says Sam. "I'm hungry, too. Hello, Rufus!"
"Go away!" says Justine. "Rufus and I don't like you. You always say I look like your breakfast when I'm swimming! You're horrible!"
"Clive says Sam's nice sometimes but I don't know. I don't often go into the sea. I'm Florence. I like flying. My family and friends are with me today. It's my birthday and I'm having a party."
"Happy birthday, Florence," says Clive. "Oh, yes … and … Hi, I'm Clive. I live under the sea. People say I'm ugly but I'm not. I can't swim but I can walk. And Sam? He's got a big mouth but he's not really horrible – people just don't like him."

Vocabulary

quick (line 4): *schnell*
horrible (line 7): *schrecklich*
(to) look like (line 6): *aussehen wie*
ugly (line 12): *hässlich*

Fragen zum Text

135 Beantworte die Fragen in ganzen Sätzen.

a Who is very hungry?

____

b Who is looking for food?

____

c Who doesn't like Sam?

____

d Who can't swim?

____

e Who always stays in the water?

____

136 Du hast es geschafft, von jedem der Meerestiere und Seevögel im Text ein Foto zu machen. Schreibe *Sam*, *Rufus*, *Paula and friends*, *Justine*, *Clive*, *Florence with her family and friends* zum richtigen Foto.

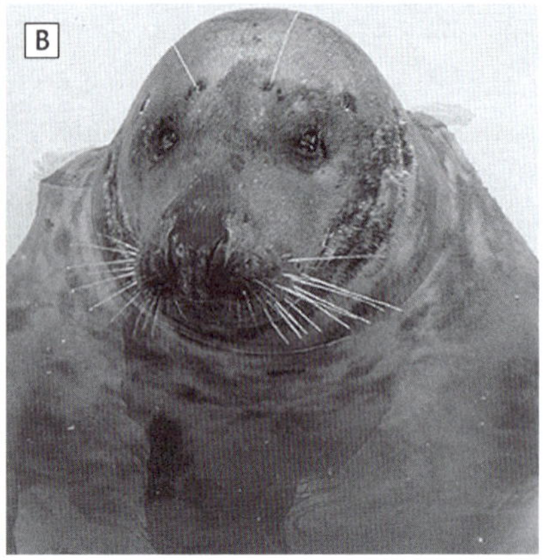

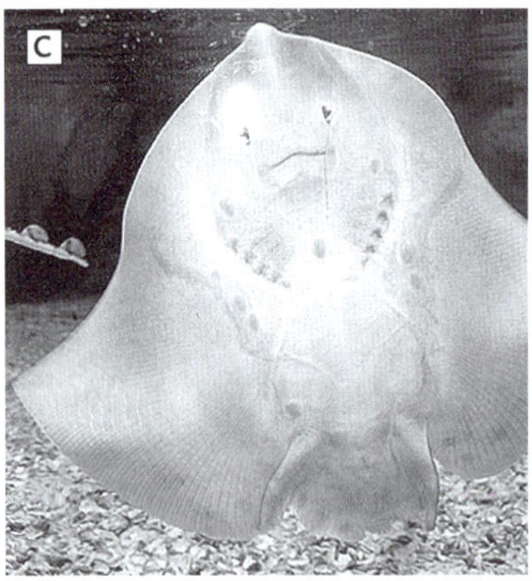

Grammatik

Was musst du bei der Wortstellung im Englischen beachten?

- Im **Aussagesatz** ist die Wortstellung: **Subjekt – Verb – Objekt**
  Beispiele: Rufus likes Paula.
  They eat cakes.

- **Adverbiale Bestimmungen** des Ortes und der Zeit stehen gewöhnlich am **Ende** des Aussagesatzes. Stehen in dem Satz eine Orts- und eine Zeitangabe, dann gilt **Ort vor Zeit**.
  Beispiele: Rufus (*Subjekt*) swims (*Verb*) in the sea (*Ortsangabe*).
  Rufus (*Subjekt*) swims (*Verb*) in the sea (*Ortsangabe*) every day (*Zeitangabe*).

- In **Nebensätzen** ist die Wortstellung **wie im Hauptsatz: Subjekt – Verb – Objekt.**
  Beispiele: I (*Subjekt*) watch (*Verb*) television (*Objekt*) **when** I (*Subjekt*) haven't got (*Verb*) a book (*Objekt.*).

Achtung: Du kannst die Satzstellung bei **Fragewörtern**, **Häufigkeitsadverbien** und ***must***, ***can***, oder ***may*** auf den Seiten 104, 109 und 137–143 finden.

137 Bringe die Wörter in Klammern in die richtige Reihenfolge.

a (Paula – doesn't – Sam – like)

____

b (Florence – a bird – is)

____

c (Justine and Clive – friends – are – because – live – they – under the sea)

____

d (a big mouth – Sam – has got)

____

e (Clive – walks – but – swims – Justine)

____

f (Rufus – today – into – the sea – goes)

____

g (Rufus – happy – is – when – he – in the sea – swims)

____

Wortschatz

138 Im Text und auf den Fotos auf Seite 114 es gibt viele Dinge, die du im Meer oder in der Nähe des Meeres finden kannst. Kennst du die englischen Namen für die Tiere auf den Fotos? Wenn nicht, löse das Rätsel.

- Florence is the seagull *(Möwe)*. The first three letters of "seagull" and the last one gives you Rufus's name.
- With a pen, you can change *(verändern)* Paula's German name into English – there is only one letter to change, an I to an E.
- Justine's name is the same in German and English, but there isn't a C.
- What is Clive's name in German? Now, change the K to a C and the E to an A and only write the first four letters. That's Clive's English name.
- Now there is only Sam's name. The last two letters of Justine's name are the first two of Sam's. The third letter of Clive's name is Sam's third letter, too, but Clive's second letter is Sam's fourth letter. The last letter you need is a K.

Schreiben

139 Schreibe folgende Sätze auf Englisch.

a Ich lese Bücher.

____

b Ich sehe mir oft Filme über Haie an.

____

c Ich mag Haie, aber Krebse mag ich nicht.

____

d Rufus schwimmt montags.

____

e Paula sitzt auf einer Insel, weil Sam im Meer ist.

____

f Florences Familie besucht sie heute, weil sie Geburtstag hat.

____

Test

140 Bilde englische Sätze mit den Wörtern in Klammern.

a (tennis – Mr Jones – likes)

____

b (goes to – every day – the bus – the station)

____

c (Paula – Mike – knows – neighbours – because – they – are)

____

d (eat – chocolate – Karen – doesn't)

____

e (in Manchester – Mr and Mrs Singh – live – but – in Cardiff – their son – lives)

____

f (Julia – in a chair – because – is sitting – television – she is watching)

____

Topic 19: Look!

141 Kreise Folgendes auf dem Foto ein.

- a woman
- two girls
- a boy on a bike
- three street lights *(Straßenlaternen)*
- a waste paper bin *(Abfalleimer)*
- a clothes shop *(Bekleidungsgeschäft)*
- a bird
- two benches *(Bänke)*
- a road sign *(Verkehrsschild)*
- some flowers

Grammatik

Wann und wie verwendest du die *there is*- und *there are*-Konstruktionen?

- Die *there is*- und *there are*-Konstruktionen verwendest du vor allem dann, wenn du anfängst, von einem **neuen Thema** zu sprechen. Die Folgesätze formulierst du in der Regel als ganz normale Aussagesätze.
  Beispiel: There is a picture. You can see a woman and two girls.
- ***There is*** ist die **Singularform** und bezieht sich auf einen Gegenstand oder eine Person oder etwas Unzählbares, z. B. Wasser.
  Beispiele: There is a car. *(eine Sache)*
  There is sand over there. *(etwas Unzählbares)*
- ***There are*** ist die **Pluralform** und bezieht sich auf mehrere Dinge oder Personen.
  Beispiel: There are two buses. *(mehrere Sachen)*

142 Sieh dir folgende Bilder an.
Schreibe dann zu jedem Bild einen Satz mit *there is* oder *there are*.

a There are three apples.

b ______

c ______

d ______

e ______

f ______

g ______

Wortschatz

143 Kannst du die englischen Wörter finden, die in dem Bild versteckt sind? Schreibe sie aus und schreibe auch die deutsche Bedeutung auf.

a ______________________ German: ______________________

b ______________________ German: ______________________

c ______________________ German: ______________________

d ______________________ German: ______________________

e ______________________ German: ______________________

Schreiben

144 Schreibe ganze Sätze über dieses Foto. Verwende *there is* oder *there are.* Schreibe über die Anzahl von: Geschäftsschildern *(shop signs)*, Plastiktüten *(plastic bags)*, Personen, Kindern, Straßenlaternen, Bänken, Menschen mit langen Haaren, Verkehrsschildern, Menschen mit Mützen *(caps)*, Taschen.

a There are six shop signs.

b ______________________________

c ______________________________

d ______________________________

e ______________________________

f ______________________________

g ______________________________

h ______________________________

i ______________________________

j ______________________________

Test

145 Vervollständige folgende Sätze mit *there is* oder *there are*.

a ____________________ a bus.

b ____________________ ten doors in the house.

c ____________________ two photos on the wall.

d ____________________ a new teacher in our classroom.

e Over there, ____________________ some people.

f Here, ________________________ a train to Manchester but over there, ____________________ two trains to London.

146 Schreibe sechs Sätze mit *there is* oder *there are* zu diesem Foto.

a car: ____

b small tree: ______________________________________

c flag: ____

d door: ____

e big window: _____________________________________

f shop: ____

Topic 20: What's in those boxes?

"Freddie, what have you got?" asks Wendy, his sister.
"Oh, this? This is an old letter," answers Freddie.
"And that?"
"Oh, that. That's a map, I think."
"Why have you got a letter and a map?" asks Wendy.
"Can you see that box, over there? There are lots of old things in it – maps, letters, books ..." says Freddie.
Wendy opens a box near her and says, "In this box, too. Look at these letters – they're from 1905 – and those books – they are 150 years old."
"Hey, Wendy. Look! Under the table there is another box – it's full of ... – ugh, spiders!!"

Fragen zum Text

147 Beantworte folgende Fragen auf Englisch. Du musst keine vollständigen Sätze schreiben.

a Wer öffnet die erste Kiste?

____

b Was hat Freddie aus der ersten Kiste herausgenommen?

____

c Was ist außerdem in Freddies erster Kiste?

____

d Aus welchem Jahr stammen die Briefe?

____

e Wie alt sind die Bücher?

____

f Was ist in der letzten Kiste?

____

148 Hier ist ein Bild des Dachbodens, auf dem Wendy und Freddie die Kisten gefunden haben. Markiere auf dem Bild mit den passenden Buchstaben (A–G), wo die Kinder und die Gegenstände auf der Liste gefunden werden können.
Freddie (A), Wendy (B), three letters (C, C, C), spiders (D), two maps (E, E), three books (F, F, F), table (G)

Grammatik

Wann verwendest du *this* und wann *that*?

- ***This*** verwendest du für eine **Person** oder **Sache** in der **Nähe** des Sprechers.
  Beispiel: This is a girl. *Dies ist ein Mädchen.*
- ***That*** verwendest du für eine **Person** oder **Sache** in einiger **Entfernung** vom Sprecher. Als **Signalwort** steht oft ***over there***.
  Beispiel: That is a boy over there. *(Das) dort drüben ist ein Junge.*

149 Sieh dir die Zeichnungen genau an und erkläre, was in der Nähe und was in der Ferne zu sehen ist.
Schreibe zu jedem Bild zwei Sätze.

a

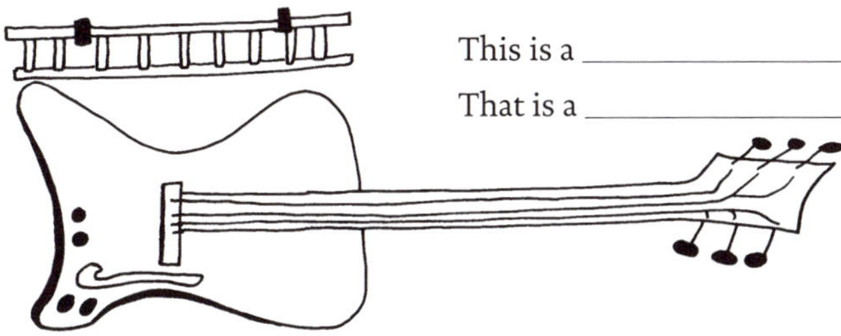

This is a ______________________

That is a ______________________

b

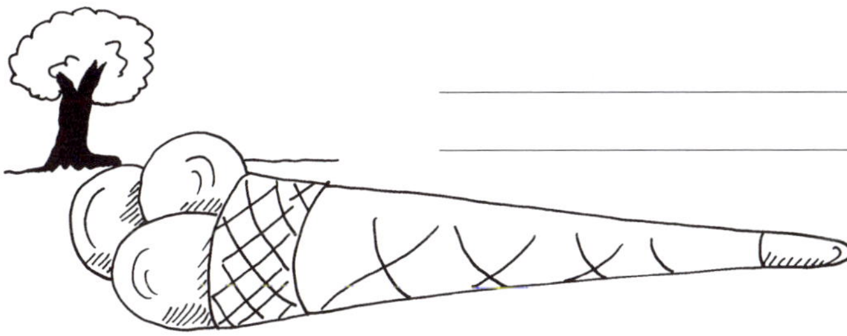

c

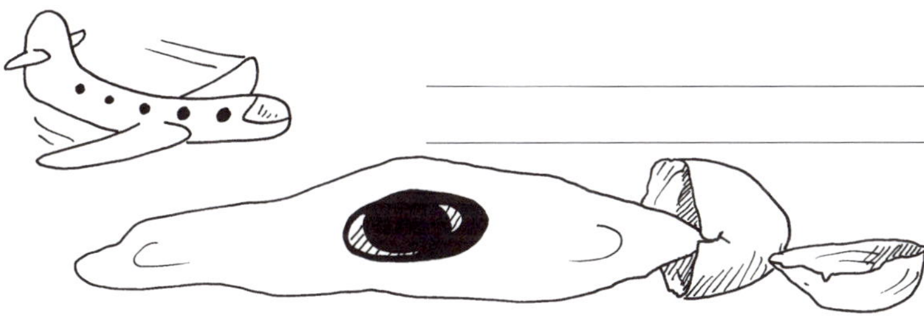

d

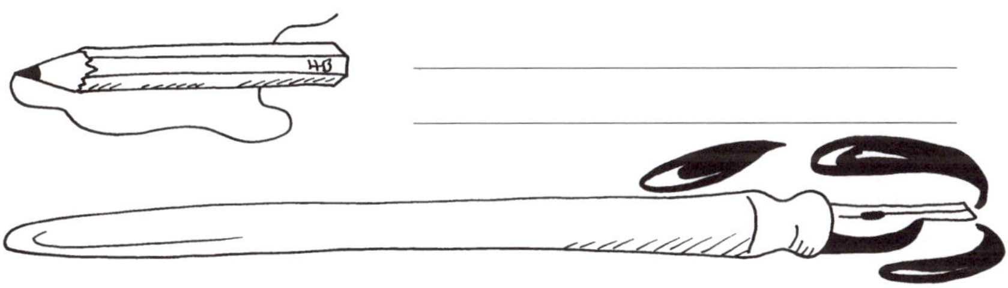

e

In welcher Reihenfolge verwendest du *this* und *that*?
Willst du zwei Personen oder Sachen **einander gegenüberstellen**, verwendest du **zuerst *this*** und **dann *that*.**
Beispiele: This is a letter and that is a map.
This is Freddie and that is Wendy. *(bei Personen ohne „a" oder „an")*

150 Stelle dir vor, du musst jemandem zwei Dinge oder Personen zeigen. Wie würdest du diese erklären?

a book / magazine

This is a book and that is a magazine.

b cake / sandwich

c bus / train

d Peter / Carol

e photo / poster

f chair / table

Wann verwendest du *these* und wann *those*?

These und *those* sind die **Pluralformen** von *this* und *that*. ***These*** verwendest du also für Personen und Dinge in der **Nähe** des Sprechers und ***those*** für Personen und Dinge in einiger **Entfernung** vom Sprecher.

Beispiele: This is a map. These are maps.
That is a letter. Those are letters.

151 Wendy und Freddie haben zwei ungewöhnliche Bilder gefunden. Die Bilder zeigen ähnliche Gegenstände an der gleichen Stelle in den Bildern. Kannst du die Unterschiede zwischen dem Bild in ihrer Nähe und dem weiter entfernten Bild entdecken?
Verbinde die Gegenstände sinnvoll und schreibe dazu je zwei Sätze.

a These are __________ Those are __________

b __________ __________

c __________ __________

d __________ __________

e __________ __________

Wortschatz

152 Wie heißen die Kleidungsstücke in den Zeichnungen?
Die Buchstaben sind durcheinander geraten.

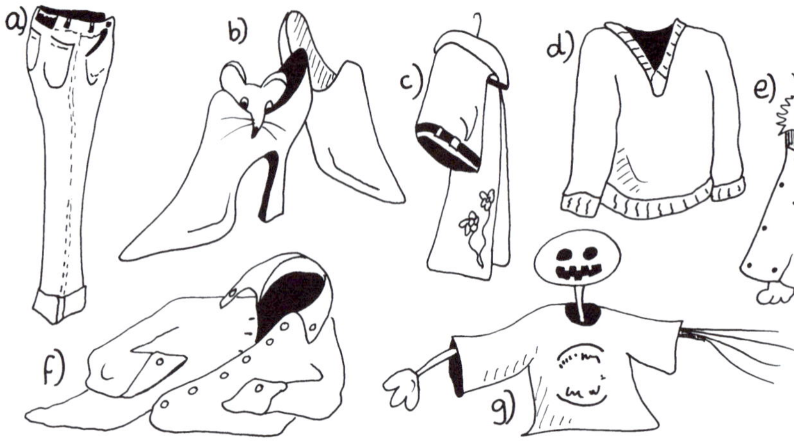

a	sejan	______	**b**	oeshs	______
c	rousters	______	**d**	levorpul	______
e	krits	______	**f**	thris	______
g	s-hTirt	______			

Schreiben

153 Sieh dir das Bild genau an und vervollständige folgende Dialoge.
Verwende *this, that, these* oder *those*.

a JANE: ______________________________ is nice, Mum.

b MUM: No, it isn't but I like ______________________________ over there.

c JANE: ______________________________ are nice, too.

MUM: Yes, they are nice.

d JANE: I like ______________________________, too.

Test

154 Was siehst du in den zwei Bildern? Wo es möglich ist, finde jeweils zwei ähnliche Gegenstände und bilde einen Satz.
Du benötigst folgende Wörter; manche musst du in den Plural setzen:

ball – radio – car – book – magazine – television – bus – camera – dog

a ______________________ and ______________________

b ______________________ and ______________________

c ______________________ and ______________________

d ____

e ____

f ____

Topic 21: You go!

Fragen zum Text

155 Sind die folgenden Sätze richtig *(true)* oder falsch *(false)*?
Hake (✓) die richtige Antwort ab.

		true	false
a	The ball is near the children.	☐	☐
b	Jimmy can't find the ball.	☐	☐
c	Meg jumps onto the wall.	☐	☐
d	Meg sits next to Jimmy.	☐	☐
e	Meg doesn't like what she sees.	☐	☐
f	The children get a new ball.	☐	☐
g	The ball is in Jimmy's bag.	☐	☐

156 Erkläre die Geschichte auf Deutsch.

___

___

___

___

___

___

___

___

___

Grammatik

Wann und wie verwendest du den Imperativ?

- Du benutzt Imperative, wenn du **Befehle** oder **Anweisungen** geben möchtest. Die **Form** des Imperativs sieht aus wie der **Infinitiv, nur ohne *to*.**
  Beispiel: Look out of the window!
- Im Englischen gibt es **keinen Unterschied** zwischen dem Imperativ im **Singular** und dem Imperativ im **Plural.**
  Beispiele: Where is my ball? – "Look over there!" *(Singular)*
  The children are climbing over the wall. – "Stop climbing!" *(Plural)*

157 Ordne die Aussagen der Geschwister Jimmy und Meg den Antworten ihrer Mutter zu.

Meg and Jimmy	Mum
a Where's my bag?	**1** Look upstairs.
b I can't find it in my bedroom.	**2** No. Come downstairs.
c Jimmy isn't helping me.	**3** Homework first!
d Mum! Can you come upstairs?	**4** Give it back.
e Jimmy has got my ball.	**5** Help her.
f Can I play my computer game?	**6** Tidy up then!

a	b	c	d	e	f
1					

Wann verwendest du die Verneinung des Imperativs?

Du gebrauchst den verneinten Imperativ, wenn du sagen möchtest, **was jemand nicht tun soll**, wenn du jemanden vor etwas **warnen** oder aber ihm einen **Rat geben** willst.

Beispiele: Don't run. *(Befehl)*
Don't play on the road! *(Warnung)*
Don't phone me, I'm on holiday. *(Rat)*

Wie bildest du die Verneinung des Imperativs?

Du bildest den verneinten Imperativ mit ***don't* + Infinitiv ohne *to*.**

Beispiel: Don't eat in class. *Iss nicht während des Unterrichts.*

158 Schreibe folgende Sätze als verneinte Imperative auf Englisch.

a Klettert nicht auf die Bäume!

____

b Spielt heute kein Tennis!

____

c Schreibe nicht auf deinen Tisch in der Schule!

____

d Schau nicht!

____

e Sag ihm nicht die Antwort!

____

f Vergiss deine Hausaufgaben nicht!

____

Wortschatz

159 Verbinde das englische Wort, das passende Bild und das deutsche Wort.

A (to) close
B (to) eat
C (to) jump
D (to) shower
E (to) swim
F (to) wash
G bed
H grass
I river

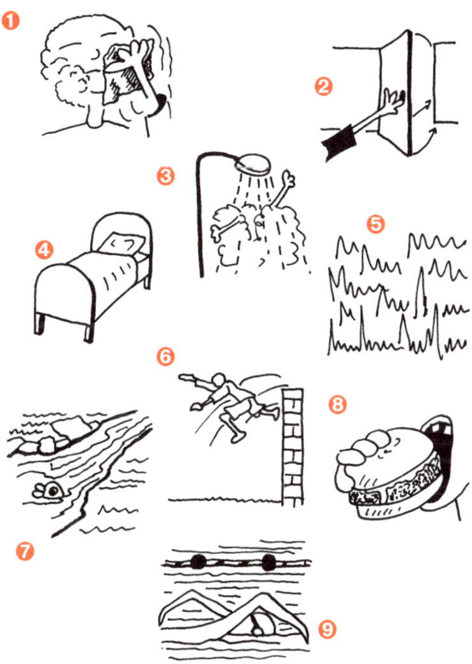

a *springen*
b *waschen*
c *essen*
d *schließen*
e *schwimmen*
f *duschen*
g *Fluss*
h *Bett*
i *Rasen*

engl.	A	B	C	D	E	F	G	H	I
Bild	2								
dt.	d								

Schreiben

160 In einem Schullandheim gibt es viele Regeln.
Sieh dir die Schilder genau an und schreibe passende Imperative – natürlich auf Englisch.

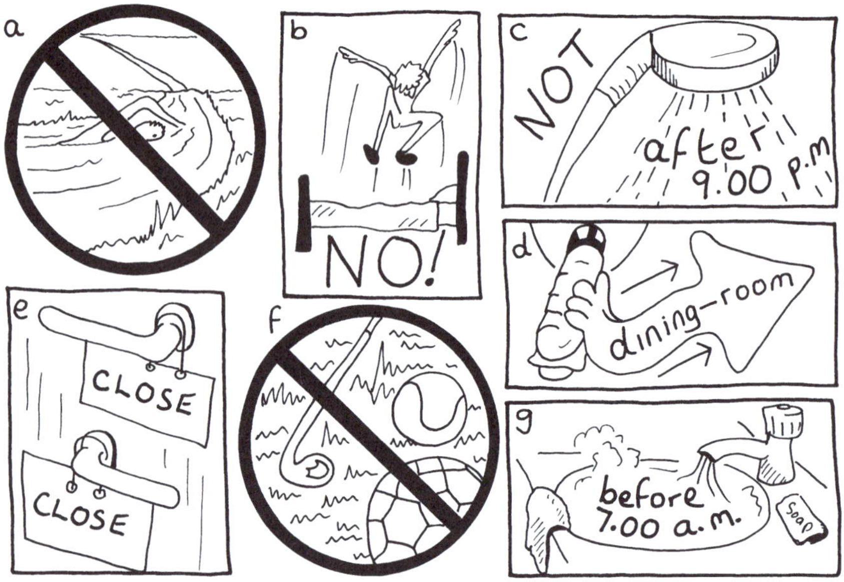

a ____________________

b ____________________

c ____________________

d ____________________

e ____________________

f ____________________

g ____________________

Test

161 Schreibe auf, was man in eurer Klasse im Unterricht tun muss und was man nicht tun darf. Bilde aus diesen Sätzen Imperative.

We must …

a keep our classroom clean.

Imperativ: Keep it clean!

b ______________________

Imperativ: ______________________

c ______________________

Imperativ: ______________________

We mustn't …

d ______________________

Imperativ: ______________________

e ______________________

Imperativ: ______________________

f ______________________

Imperativ: ______________________

162 Schreibe für jeden deutschen Ausdruck einen passenden englischen Imperativ.

a Steh auf! ______________________

b Lauft nicht! ______________________

c Rechts abbiegen! ______________________

d Ruf mich an! ______________________

e Klettert nicht! ______________________

f Halt! ______________________

g Räum dein Zimmer auf! ______________________

h Hilf mir! ______________________

Topic 22: Dave's Pepper Palace

Sieh das Foto genau an und beantworte die Fragen.

Fragen zum Foto

163 Beantworte folgende Fragen in ganzen Sätzen.

a How many people can you see?

____

b What is the name of the shop?

____

c Where in America is the shop?

____

d Whose shop is it?

____

e What are the women carrying?

____

f How many doors are there?

____

g What is the number of the shop?

____

h Who is outside the shop?

____

i Where is the dragon?

____

Grammatik

Wann und wie gebrauchst du das Fragewort *what*?

- Du gebrauchst ***what*** (was), um Fragen über den **Besitz einer Sache** zu stellen. Es wird zusammen mit *has / have got* benutzt.
  Beispiele: What have the women got? – *Was haben die Frauen (in der Hand)?*
  What has he got? – *Was gehört ihm?*
- Du kannst ***what*** (was) aber auch benutzen, um **nach Dingen zu fragen, und Dinge zu erfragen, die gerade passieren**.
  Beispiele: What is the boy reading? – *Was liest der Junge gerade?*
  What is his name? – *Wie heißt er?*
- Außerdem gibt es einige **feststehende Wendungen** mit *what*. Lerne sie auswendig.
  Beispiele: What time is it? – *Wie spät ist es?*
  What colour is it? – *Welche Farbe hat es?*

164 Hier sind die Antworten zu einigen *what*-Fragen.
Stelle die entsprechenden Fragen.

a *Frage:* ____
Antwort: Tom has got a picture.

b *Frage:* ____
Antwort: Jenny is carrying a bag.

c *Frage:* ____
Antwort: The name of the street is Greenville Road.

d *Frage:* ____
Antwort: It is 9 o'clock.

Wann und wie gebrauchst du das Fragewort *where*?

Du verwendest ***where***, wenn du wissen möchtest, **wo** sich eine Person oder eine Sache befindet, oder wenn du wissen möchtest, **woher** jemand kommt.

Beispiele: Where is the shop? — *Wo ist das Geschäft?*

Where are the children from? — *Woher sind die Kinder?*

165 Frau Peters hat ein sehr ungewöhnliches Geschäft.
Stelle *where*-Fragen mit Hilfe des Bildes und der Wörter in Klammern.
Was antwortet Frau Peters?

a *Frage:* (clock) Where is the clock? ______?
Antwort: (table) The clock is on the table. ______

b *Frage:* (bags) ______?
Antwort: (floor) ______

c *Frage:* (man) ______?
Antwort: ______

d *Frage:* (car / *woher?*) ______?
Antwort: ______

e *Frage:* (dragon) ______?
Antwort: ______

f *Frage:* (photos) ______?
Antwort: ______

Wann und wie gebrauchst du das Fragewort who?

Du verwendest **who** (wer), wenn du wissen willst, **wer** etwas tut. *Who* bezieht sich immer auf **Personen.**

Beispiele:	Who is in the shop?	*Wer ist im Laden?*
	Who can swim?	*Wer kann schwimmen?*
	Who reads books?	*Wer liest Bücher?*

166 Schreibe eine passende *who*-Frage zu jeder der folgenden Antworten.

a *Frage:* ______
Antwort: Jenny has got a pen.

b *Frage:* ______
Antwort: Peter is phoning Julia.

c *Frage:* ______
Antwort: A woman is looking in the shop window.

d *Frage:* ______
Antwort: We can use a computer.

e *Frage:* ______
Antwort: The children play handball.

Wann und wie gebrauchst du das Fragewort *whose*?

Du gebrauchst das Fragewort ***whose*** (wessen), wenn du wissen willst, **wem** etwas **gehört**.

Beispiel: Whose bag is on the table? *Wessen Tasche liegt auf dem Tisch?*
It's Julie's bag. *Es ist Julies Tasche.*

167 Sieh dir die Zeichnungen genau an.
Frage, wem die Gegenstände gehören, und verwende das Fragewort *whose*.

a ______________________________ is on the wall?

b ______________________________ is on the floor?

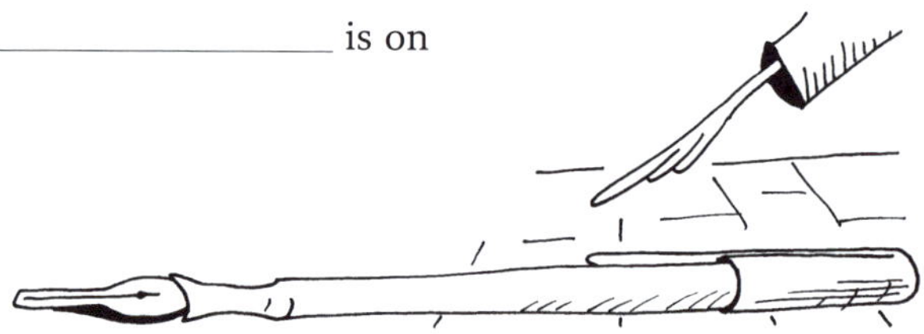

c ______________________________ is under the cup?

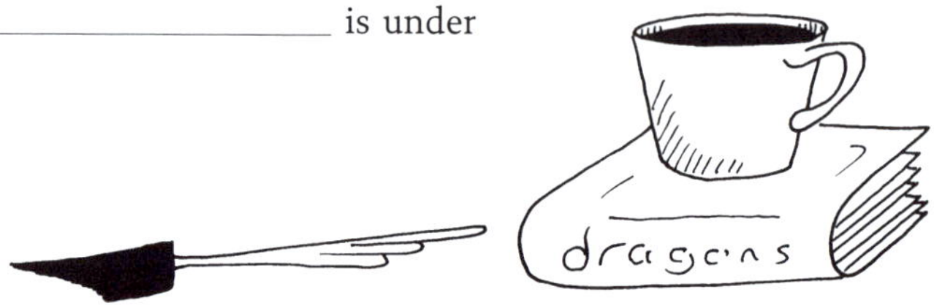

d ______________________________ is eating my shoe?

e ______________________ is over there?

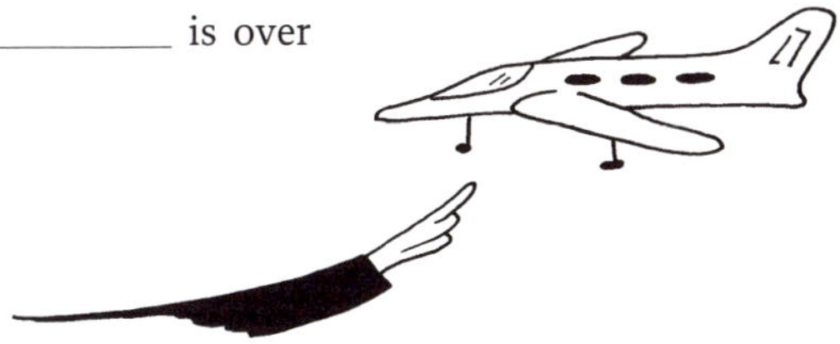

f ______________________ is on the table?

Wann und wie gebrauchst du *how* und seine Zusammensetzungen?

Folgende Wendungen mit *how* musst du auswendig lernen:

How are you?	*Wie geht es dir?*
How fast is it?	*Wie schnell fährt es?*
How do you eat spaghetti?	*Wie isst man Spagetti?*
How old is Mary?	*Wie alt ist Mary?*

- ***How many*** gebrauchst du immer bei **zählbaren Gegenständen**. Das nachfolgende Nomen steht immer im Plural.
  Beispiel: How many bags are there? *Wie viele Taschen gibt es?*
- ***How much*** benutzt du immer bei **nicht zählbaren Dingen**, z. B. Wasser oder Benzin. Diese unzählbaren Nomen haben keine Pluralform.
  Beispiel: How much money have you got? *Wie viel Geld hast du?*

168 Erinnerst du dich an die beiden Frauen auf dem Foto am Anfang dieses Kapitels? Sie heißen Diane und June und lieben amerikanische Kekse. Vervollständige ihr Gespräch.

JUNE: ______________________ is this shop, Diane?

DIANE: I think it's over 100 years old. Those biscuits over there look nice, June.

JUNE: Yes, they do. ______________________ are they?

DIANE: I think they are $ 5.50.

JUNE: $ 5.50! That's a lot of money for biscuits. ______________ biscuits do you think there are in the packet?

DIANE: Twenty.

JUNE: ______________ is your suitcase?

DIANE: Very big, why?

JUNE: ______________ of those packets can we get into your suitcase?

DIANE: About 30, why?

JUNE: Great! Then we can take 600 biscuits home with us to England!

Wann und wie gebrauchst du das Fragewort *why*?

Du gebrauchst das Fragewort ***why*** (warum), wenn du wissen willst, was der **Grund** für etwas ist. Auf *why*-Fragen folgt immer eine **Antwort mit *because*** (weil).

Beispiel: Why have you got a cake?
Warum hast du einen Kuchen?

I've got a cake because it's my grandma's birthday.
Ich habe einen Kuchen, weil meine Oma Geburtstag hat.

169 Die deutschen Antworten geben dir Hinweise auf die englischen Fragen. Die kleinen Bilder helfen dir, die passenden *why*-Fragen zu stellen.

a ______________ have you got your umbrella?

Weil es nach Regen aussieht.

b ______________ is the ______________?

Weil er zwanzig Minuten lang in einem Stau stand.

c ______________ are you ________________________?

Weil ich eine Eins in meinem Englischtest bekommen habe.

d ______________ are you ________________________?

Weil James mich gebeten hat, ihn wegen der Hausaufgaben anzurufen.

e ____?

Weil meine Mutter Geburtstag hat.

> **Wann und wie gebrauchst du das Fragewort *when*?**
> Du gebrauchst das Fragewort ***when*** (wann), wenn du nach einem bestimmten **Zeitpunkt** fragst.
> *Beispiele:* When is the museum open? — *Wann ist das Museum geöffnet?*
> When can I phone you? — *Wann kann ich dich anrufen?*

170 Schreibe folgende Fragen auf Englisch. Verwende *when*.

a Wann ist dein Geburtstag?

____

b Wann ist das Geschäft geöffnet?

____

c Wann kannst du mich anrufen?

____

d Wann gehen wir ins Kino?

____

e Wann beginnt der Film?

____

f Wann besucht Mary uns?

____

Wortschatz

171 Kannst du den Weg finden, den Diane und June von ihrem Hotel zum Laden gegangen sind?

- Schreibe diese englischen Wörter auf Deutsch auf.
- Der letzte Buchstabe jedes Wortes steht in einem Kästchen.
- Nur ein Weg enthält alle Buchstaben. Das ist der Weg, den du suchst.

outside	*drauße*	n	packet		
dragon			hobby		
window			day		
biscuit			singer		
suitcase			guitar		

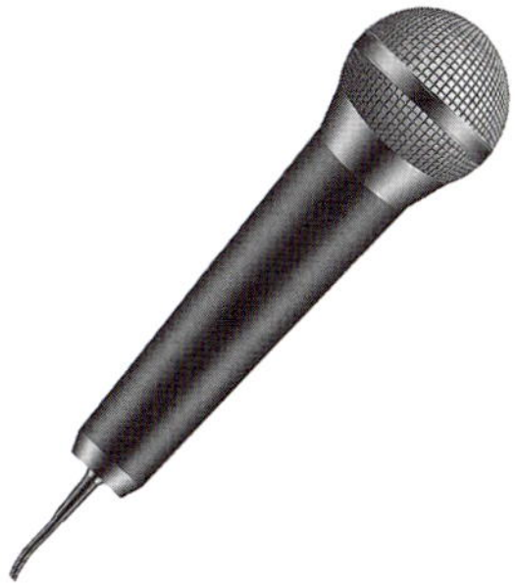

Schreiben

172 Wir haben den berühmten amerikanischen Rocksänger Geoff Bates interviewt. Leider funktionierte unser Mikrofon nicht, sodass wir nur Geoffs Antworten hörten.
Kannst du uns helfen und die Fragen stellen?

Us: ______________________________

G.B.: I'm from Chicago.

Us: ______________________________

G.B.: I'm in London to start my European tour. The first concert is here.

Us: ______________________________

G.B: The first concert is on Saturday.

Us: ______________________________

G.B.: That's my guitar.

Us: ______________________________

G.B.: I've got lots of favourite singers – Bono, Eminem, Pink, …

Us: ______________________________

G.B.: Two. A boy and a girl.

Us: ______________________________

G.B.: The boy, Charlie, he's six. And the girl, Louisa, she's three.

Us: ______________________________

G.B.: I like flying and reading and, of course, playing with Louisa and Charlie.

Us: Thanks for the interview.

Test

173 Schreibe jeweils eine Frage zu dem markierten Teil des Bildes.

a ______________________________

____

b ______________________________

____

c ______________________________

____

d ______________________________

____

e ______________________________

____

f ______________________________

____

g ______________________________

____

h ______________________________

____

i ______________________________

____

j ______________________________

____

Edingburgh
Edinburghe
Edin
SCOTLAND

k ______________________________

____

l ______________________________

____

Kim's Party
LONDON

m ______________________________

____

n ______________________________

____

BUS
TOWER OF LONDON
6

o ______________________________

____

p ______________________________

____

???
1ST-
GB

Topic 23: Look at those pupils!

Mrs Ross beobachtet einige Schüler, als sie sich in der Schule im Fahrradschuppen verstecken. Dort tun sie Dinge, die sie nicht tun dürfen. Ihre Freundin ist schockiert!

MRS ROSS: Look at those pupils, Mary!

MARY: Oh, they're very naughty. Are they doing their homework?

MRS ROSS: Yes, they are.

MARY: And look at that boy! Is he listening to music?

MRS ROSS: Yes, he is.

MARY: And over there? Is she eating her sandwiches?

MRS ROSS: Yes, she is.

MARY: And those girls? Are they drawing on the wall?

MRS ROSS: No, they aren't.

MARY: And that boy? Is he using his mobile phone? That's not allowed in school!

MRS ROSS: Yes, he is. I know he's not very old, Mary, but that's the new maths teacher.

Vocabulary

naughty (line 2): *unartig*
mobile phone (line 10): *Handy*
not allowed (line 10): *nicht erlaubt*

Fragen zum Text

174 Sind die Sätze richtig *(true)* oder falsch *(false)*? Hake (✓) die richtige Antwort ab.

		true	false
a	Mary sees the children first.	☐	☐
b	Pupils can do their homework in school.	☐	☐
c	The girl is listening to music.	☐	☐
d	A girl is eating an apple.	☐	☐
e	The pupils are not drawing on the walls.	☐	☐
f	A man is using his phone.	☐	☐

175 In jedem Klassenzimmer hängt ein großes Plakat, das zeigt, was in der Schule nicht erlaubt ist.

a Welche Schulregeln übertreten einige der Jungen und Mädchen?

____

b Über welche Schulregeln sprechen Mrs Ross und ihre Freundin außerdem?

____

c Welche Regeln bleiben übrig?

____

Grammatik

Wann verwendest du Fragen im *present progressive*?

Mit dem ***present progressive*** kannst du ***Fragen*** zu dem stellen, was zum Zeitpunkt des Sprechens gerade passiert. Benutze dazu die folgende Satzstellung:

Beispiel:	Are	they	getting	presents?
	Form von *to be*	Subjekt	Verb + *-ing*	Objekt

176 Nimm die passenden Steine aus der Wand und bilde Fragen mit dem *present progressive.*
Ersetze Namen durch Personalpronomen, wenn sie Subjekt im Satz sind.

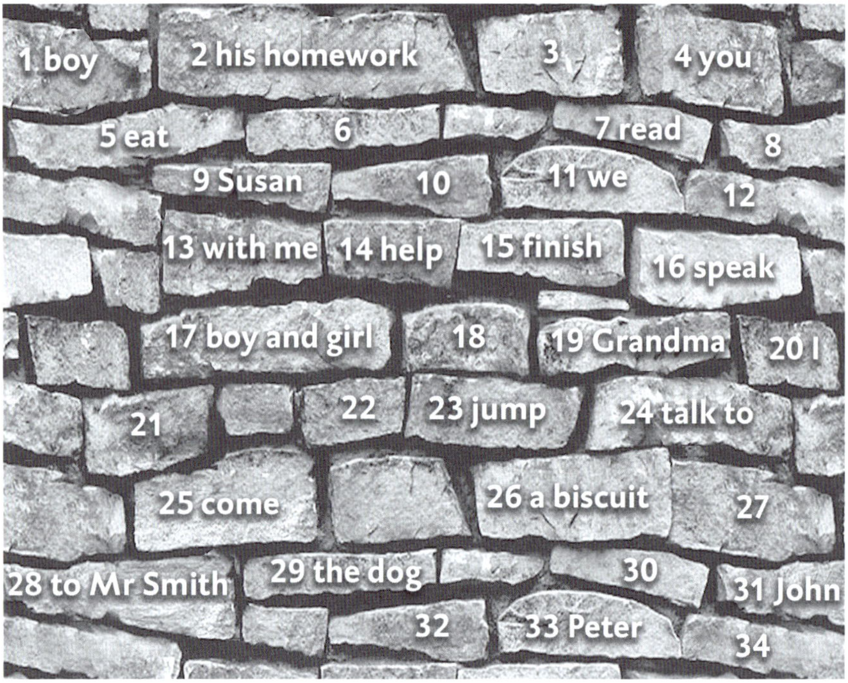

a 1 + 7 boy + read Is he reading?

b 17 + 23 ______

c 9 + 24 + 33 ______

d 4 + 25 + 13 ______

e 20 + 16 + 28 ______

f 31 + 15 + 2 ______

g 11 + 14 + 19 ______

h 29 + 5 + 26 ______

Wie antwortest du auf eine Frage im *present progressive*?

Auf Entscheidungsfragen im *present progressive* werden gewöhnlich **Kurzantworten** gegeben.

Beispiel: Is she driving a new car? Yes, she is.
No, she isn't.

177 Ali der Außerirdische ist gerade auf der Erde angekommen, aber er sieht wie ein ganz normaler Mensch aus.
Er stellt dir einige komische Fragen. Beantworte sie mit einer Kurzform.

a Is she reading a book? ____________________

b Are they sitting on chairs? ____________________

c Is he buying an ice cream? ____________________

d Is she learning to swim? ____________________

e Are they eating fish and chips? ____________________

f Is it raining? ____________________

178 Kannst du das Gegenteil der Kurzantworten von Übung 177 schreiben?

a ______________________ b ______________________

c ______________________ d ______________________

e ______________________ f ______________________

Schreiben

179 Vervollständige die Sprechblasen. In jedem Foto gibt es je eine Sprechblase für eine Frage im *present progressive* und eine Kurzantwort.
Zu jedem Bild gibt es einen Themenvorschlag, du kannst aber auch eigene Ideen verwenden.

Vorschläge: A: jagen
B: warten
C: das Wetter
D: schlafen

B

C

D

Test

180 Bilde Entscheidungsfragen im *present progressive.*
Einige Wörter, die du für deine Sätze brauchst, stehen in Klammern.
Gib auch eine passende Antwort. *(Y) = yes, (N) = no*

a ______________________ a good book? *(read – you)*
(Y) ______________________

b ______________________ his homework? *(do – Thomas)*
(N) ______________________

c ______________________ tennis with you? *(play – I)*
(Y) ______________________

d ______________________ television? *(watch – they)*
(N) ______________________

e ______________________ a glass of water? *(drink – the girl)*
(Y) ______________________

f ______________________ *(rain – it)*
(Y) ______________________

g ______________________ Uncle Tom, today? *(visit – we)*
(N) ______________________

h ______________________ to the shop with me? *(come – you)*
(N) ______________________

Vocabulary

Auf den folgenden Seiten kannst du Wörter nachschlagen, die neu für dich sind, oder die du vergessen hast. Markiere dir diese Vokabeln am besten in der Liste und im Text und wiederhole sie regelmäßig. Du kannst aber mit dieser Liste auch deinen Wortschatz erweitern. Decke z. B. eine Seite mit einem Blatt Papier zu und schreibe das englische Wort auf das Blatt. Aber nimm dir nicht zu viel auf einmal vor, etwa 7 neue Wörter pro Tag genügen.

Aa	a lot of	viele
	abbey	Abtei
	about	über, ungefähr
	actor	Schauspieler/-in
	address	Adresse
	address book	Adressbuch
	after	nach, danach, nachher
	afternoon	Nachmittag
	afterwards	nachher
	again	wieder, noch einmal
	airport	Flughafen
	almost	fast
	also	auch
	always	immer
	America	Amerika
	American	amerikanisch, Amerikaner/-in
	amusement park	Erlebnispark
	and	und
	another	ein anderer, noch ein(e)
	answer	Antwort
	(to) answer	antworten
	apple	Apfel
	April	April
	architect	Architekt/-in
	(to) arrive	ankommen
	arrived	angekommen
	(to) ask	fragen
	at	an, auf, in
	at last	endlich
	August	August
	aunt	Tante
Bb	baby	Baby
	bacon	Schinkenspeck
	bag	Tasche
	ball	Ball
	banana	Banane
	battery	Batterie

(to) be	sein
beach	Strand
beautiful	schön
because	weil
because of	wegen
bed	Bett
bedroom	Schlafzimmer
beefburger	Beefburger
before	vor, vorher, bevor
(to) begin	beginnen
behind	hinter
bench	Bank
best	beste/-r/-s
Best wishes	Viele Grüße
between	zwischen
big	groß
bike	Fahrrad
bird	Vogel
birthday	Geburtstag
biscuit	Keks
black	schwarz
blue	blau
boat	Boot
book	Buch
bottle	Flasche
box	Schachtel, Kiste, Kasten
boy	Junge
breakfast	Frühstück
bricklayer	Maurer
(to) bring	bringen
Britain	Großbritannien
brother	Bruder
(to) build	bauen
building	Gebäude
bus	Bus
bus stop	Bushaltestelle
but	aber
(to) buy	kaufen

Cc	café	Café
	cake	Kuchen
	(to be) called	heißen
	camera	Kamera
	can	können
	candle	Kerze
	cap	Kappe, Mütze
	captain	Kapitän
	car	Auto
	(to) carry	tragen
	castle	Schloss, Burg
	cat	Katze
	CD	CD
	cellar	Keller
	centimetre	Zentimeter
	centre	Zentrum
	chair	Stuhl
	(to) change	verändern
	Channel Tunnel	(Ärmel)Kanaltunnel, Eurotunnel
	chariot race	Wagenrennen
	chauffeur	Chauffeur
	cheese	Käse
	child	Kind
	children	Kinder
	chips	Pommes frites
	chocolate	Schokolade
	Christmas	Weihnachten
	church	Kirche
	cinema	Kino
	city	Großstadt
	classroom	Klassenzimmer
	(to) clean	putzen, sauber machen
	(to) climb	klettern
	clock	Uhr
	(to) close	schließen
	clothes	Kleidung
	clothes shop	Bekleidungsgeschäft
	coat	Mantel
	coffee	Kaffee

	cold	kalt
	colour	Farbe
	(to) come	kommen
	(to) come with	mitkommen
	competition	Wettbewerb
	concert	Konzert
	could	konnte, könnte
	country	Land
	crab	Krabbe, Krebs
	cup	Tasse
	cupboard	Schrank
	(to) cycle	Rad fahren
Dd	dad	Papa, Vati
	dangerous	gefährlich
	date	Datum
	day	Tag
	Dear (Jane)	Liebe (Jane)
	December	Dezember
	deer	Hirsch
	desk	Schreibtisch
	diary	Tagebuch
	different	anders
	difficult	schwierig
	dining-room	Esszimmer
	(to) do	tun
	doctor	Arzt, Ärztin
	dog	Hund
	door	Tür
	double room	Doppelzimmer
	downstairs	(nach) unten, Erdgeschoss
	dragon	Drache
	(to) draw	zeichnen
	drawing	Zeichnung
	drink	Getränk
	(to) drink	trinken
	(to) drive	fahren
	driver	Fahrer/-in
	drum	Trommel

	drummer	Schlagzeuger/-in
	DVD	DVD
Ee	(to) eat	essen
	egg	Ei
	e-mail	E-Mail
	end	Ende
	(to) end	(be)enden
	England	England
	English	Englisch, englisch
	euro	Euro
	European tour	Tour durch Europa
	every	jede/-r/-s
	excuse me	Entschuldige(n Sie), bitte
	expensive	teuer
	eye	Auge
Ff	family	Familie
	famous	berühmt
	fantastic	fantastisch
	far	weit
	fast	schnell
	favourite	Lieblings-
	February	Februar
	film	Film
	(to) find	finden
	(to) finish	beenden
	fire	Feuer
	first	erste/-r/-s
	fish	Fisch
	flat	Wohnung
	floor	Boden
	flowers	Blumen
	(to) fly	fliegen
	foot	Fuß
	football	Fußball
	for	für
	forest	Wald
	(to) forget	vergessen

	fork	Gabel
	fort	Fort, Kastell
	free time	Freizeit
	Friday	Freitag
	friend	Freund/-in
	friendly	freundlich
	from	von, aus
	full	voll
	fun	Spaß
	funny	witzig, komisch, seltsam
	furniture	Möbel
Gg	games	Spiele
	garden	Garten
	gardener	Gärtner/-in
	German	deutsch
	(to) get	bekommen
	(to) get off	aussteigen
	(to) get out of	hinauskommen, herauskommen
	(to) get up	aufstehen
	ghost	Geist
	girl	Mädchen
	(to) give	geben
	(to) give back	zurückgeben
	glass	Glas
	(to) go	gehen
	(to) go away	weggehen
	(to) go by	vorbeigehen
	good	gut
	grandfather	Großvater
	grandma	Oma
	grandparents	Großeltern
	grass	Gras, Rasen
	great	großartig, toll
	Great Britain	Großbritannien
	guitar	Gitarre

Hh	hand	Hand
	happy	glücklich, froh
	harbour	Hafen
	hat	Hut, Mütze
	(to) have (got)	haben, besitzen
	he	er
	helmet	Helm
	(to) help	helfen
	her	sie, ihr/-e
	here	hier
	hey	Hey!
	hi	Hallo
	high	hoch
	him	ihn, ihm
	his	sein, seine
	hobby	Hobby
	hockey	Hockey
	holiday	Ferien, Urlaub
	home	Heim, Zuhause
	homework	Hausaufgaben
	horrible	schrecklich
	horse	Pferd
	house	Haus
	how	wie
	how many	wie viele
	how much	wie viel
	how old	wie alt
	hundred	hundert
	(to be) hungry	Hunger haben
	(to) hurry	sich beeilen
	(to) hurt	weh tun, schmerzen
Ii	I	ich
	ice cream	Eis
	idea	Idee
	in	in
	information	Information
	interesting	interessant
	interview	Interview

	into	in, hinein
	island	Insel
	it	es
Jj	January	Januar
	javelin	Speerwurf
	jeans	Jeans
	job	Job
	journey	Reise
	July	Juli
	(to) jump	springen
	June	Juni
Kk	(to) keep	behalten
	kilo	Kilo
	kilometre	Kilometer
	knife	Messer
	(to) know	wissen, kennen
Ll	ladder	Leiter
	last	letzte/-r/-s
	late	spät
	(to) laugh	lachen
	(to) learn	lernen
	(to) leave	abfahren, weggehen, verlassen
	leg	Bein
	lesson	Unterrichtsstunde
	letter	Brief, Buchstabe
	letter box	Briefkasten
	(to) lie	liegen
	life	Leben
	(to) like	mögen
	(to) listen to	zuhören
	(to) live	leben, wohnen
	long	lang
	long distance run	Langstreckenlauf
	long jump	Weitsprung
	(to) look	schauen, sehen
	(to) look for	suchen

	(to) look like	aussehen wie
	lots of	viel, viele
	(to) love	lieben
	luck	Glück
	lunch	Mittagessen
Mm	machine	Maschine
	magazine	Zeitschrift
	man	Mann
	many	viele
	map	Landkarte
	March	März
	Maths	Mathe
	May	Mai
	may	dürfen
	maybe	vielleicht
	me	mich, mir
	metre	Meter
	Metro	(U-Bahn in Paris)
	midnight	Mitternacht
	milk	Milch
	minute	Minute
	mobile phone	Handy
	Monday	Montag
	money	Geld
	monster	Monster
	month	Monat
	more	mehr
	morning	Morgen
	mother	Mutter
	motorbike	Motorrad
	mountain	Berg
	mouse	Maus
	mouth	Mund
	Mr	(Herr)
	Mrs	(Frau)
	much	viel
	mum	Mama, Mutti
	museum	Museum

	music	Musik
	must	müssen
	my	mein/-e
Nn	name	Name
	naughty	unartig
	near	nah
	(to) need	brauchen
	neighbour	Nachbar/-in
	never	nie
	new	neu
	newspaper	Zeitung
	next	nächste/-r/-s
	next to	neben
	nice	nett, schön, hübsch
	night	Nacht
	no	nein
	north	Norden, Nord-
	nose	Nase
	not allowed	nicht erlaubt
	November	November
	now	jetzt
	number	Zahl, Nummer
Oo	o'clock	Uhr
	October	Oktober
	of	von
	of course	natürlich
	office	Büro
	often	oft
	old	alt
	on	auf
	one	ein
	only	nur
	onto	auf (mit Akk.)
	(to) open	öffnen
	or	oder
	orange	Orange
	other	andere/-r/-s

	our	unser/-e
	outside	draußen
	over	über
	over there	dort drüben, dort hinüber
Pp	packet	Paket, Schachtel, Packung
	(to) paint	malen
	palace	Palast
	parents	Eltern
	park	Park
	(to) park	parken
	parrot	Papagei
	party	Party
	path	Fußweg, Pfad
	pavement	Bürgersteig
	pen	Stift
	pencil	Bleistift
	penguin	Pinguin
	people	Leute, Menschen
	person	Person
	pet	Haustier
	phone	Telefon
	(to) phone	anrufen
	photo	Foto
	picture	Bild
	pilot	Pilot/-in
	pirate	Pirat
	plane	Flugzeug
	plastic bag	Plastiktüte
	plate	Teller
	(to) play	spielen
	please	bitte
	pocket	Tasche
	police	Polizei
	policeman	Polizist
	pony	Pony
	pop group	Popgruppe
	postcard	Postkarte
	poster	Poster, Plakat

	postman	Briefträger
	present	Geschenk
	problem	Problem
	pullover	Pullover
	pupil	Schüler/-in
	(to) put	setzen, stellen, legen
	puzzle	Rätsel
Qq	question	Frage
	quick	schnell
Rr	rabbit	Kaninchen
	race	Rennen
	radio	Radio
	(to) rain	regnen
	rap music	Rapmusik
	(to) read	lesen
	really	wirklich, sehr
	red	rot
	(to) repair	reparieren
	restaurant	Restaurant
	(to) ride	fahren, reiten
	river	Fluss
	road	Straße
	road sign	Verkehrsschild
	Roman Empire	Römisches Reich
	room	Zimmer
	(to) run	laufen, rennen
Ss	same	gleiche/-r/-s
	sand	Sand
	sandwich	Sandwich, belegtes Brot
	Saturday	Samstag
	saucer	Untertasse
	sausage	Wurst
	(to) say	sagen
	scarves	Schals
	school	Schule
	Scotland	Schottland

sea	Meer
seagull	Möwe
seal	Robbe
(to) see	sehen
(to) sell	verkaufen
September	September
shark	Hai
she	sie
shipwrecked	schiffbrüchig
shirt	Hemd
shoe	Schuh
shop	Laden, Geschäft
shop assistant	Verkäufer/-in
(to go) shopping	einkaufen gehen
short	kurz
(to) shower	duschen
sign	Schild
(to) sing	singen
singer	Sänger/-in
single room	Einzelzimmer
sister	Schwester
(to) sit	sitzen
skirt	Rock
(to) sleep	schlafen
small	klein
(to) smile	lächeln
snake	Schlange
(to) snow	schneien
some	etwas, ein paar, einige
something	etwas
sometimes	manchmal
song	Lied
soon	bald
sorry	Entschuldigung, tut mir leid
spaghetti	Spaghetti
(to) speak	sprechen
special	besondere/-r/-s
(to) spell	buchstabieren
spider	Spinne

	spilt	(aus)gekippt
	sport	Sport
	(100 m) sprint	Hundertmeterlauf
	starfish	Seestern
	start	Anfang
	(to) start	anfangen, beginnen
	station	Bahnhof
	statue	Statue
	step	Stufe
	stone	Stein
	storm	Sturm
	story	Geschichte
	street	Straße
	street light	Straßenlaterne
	sugar	Zucker
	suitcase	Koffer
	summer	Sommer
	Sunday	Sonntag
	supermarket	Supermarkt
	swim	Schwimmen
	(to) swim	schwimmen
Tt	table	Tisch
	(to) take	nehmen
	(to) take (a photo)	ein Foto machen
	(to) take with	mitnehmen
	(to) talk	sprechen, reden
	taxi	Taxi
	tea	Tee
	(to) teach	unterrichten
	teacher	Lehrer/-in
	teeth	Zähne
	television	Fernseher
	(to) tell	erzählen
	tennis	Tennis
	tent	Zelt
	terrible	schrecklich
	test	Test
	thanks	danke

that	jene/-r/-s
the	der, die, das
theatre	Theater
them	sie, ihnen
then	dann, also, nun
there are/is	es gibt, dort sind/ist
these	diese
they	sie
things	Dinge, Gegenstände
(to) think	denken
this	diese/-r/-s
those	jene
thousand	tausend
through	durch
(to) throw	werfen
(to) throw away	wegwerfen
Thursday	Donnerstag
ticket	Eintrittskarte
(to) tidy (up)	aufräumen
title	Titel
to	nach
toast	Toast
today	heute
tomato	Tomate
tomorrow	morgen
tonight	heute Abend
too	auch, zu
top of	oben auf dem/der
town	Stadt
town centre	Stadtzentrum
traffic lights	Ampel(n)
train	Zug
treasure	Schatz
tree	Baum
trousers	Hose
(to) try	versuchen
T-shirt	T-Shirt
Tuesday	Dienstag
turn right	rechts abbiegen

Uu	ugly	hässlich
	umbrella	Regenschirm
	uncle	Onkel
	under	unter
	(the) Underground	(U-Bahn in London)
	uniform	Uniform
	untidy	unordentlich
	upstairs	oben, nach oben
	us	uns
	(to) use	benutzen, nutzen
	usually	normalerweise, gewöhnlich
Vv	vehicle	Fahrzeug
	very	sehr
	view	Ausblick, Aussicht
	village	Dorf
	(to) visit	besuchen
Ww	Wales	Wales
	(to) walk	(zu Fuß) gehen
	wall	Mauer, Wand
	(to) want	wollen
	(to) wash	waschen
	waste paper bin	Abfalleimer, Müllbehälter
	(to) watch	ansehen, zusehen
	water	Wasser
	we	wir
	Wednesday	Mittwoch
	weekend	Wochenende
	well	nun
	what	was
	what time	wie viel Uhr
	wheel	Rad
	when	wann, als, wenn
	where	wo, wohin
	white	weiß
	who	wer
	whose	wessen
	why	warum

	wide	breit
	(to) win	gewinnen
	window	Fenster
	window cleaner	Fensterputzer/-in
	with	mit
	woman	Frau
	(to) work	arbeiten
	wow	Wahnsinn!, Super!, Toll!
	(to) write	schreiben
Yy	yeah	ja(wohl)
	year	Jahr
	years old	Jahre alt
	yes	ja
	you	du, ihr, Sie
	your	dein/-e, Ihr/-e
	yuk	igitt

Key

Dieses Kapitel enthält die Lösungen zu allen Aufgaben. Damit du sie schneller findest, wurden viele der Lösungen **fett hervorgehoben**. Beachte, dass es oft mehr als nur eine einzige richtige Lösung gibt. Die verschiedenen Lösungsmöglichkeiten sind durch Schrägstriche voneinander getrennt, in Klammern stehende Wörter oder Satzteile können entfallen.
Die Lösungen zur Textproduktion sind als Vorschlag zu verstehen. Lass dich deshalb nicht entmutigen, wenn deine Lösung von der hier angegebenen abweicht!
Prüfe auch deine Rechtschreibung genau! Wenn deine Lösung falsch war, solltest du die Übung später noch einmal wiederholen.

Topic 1: Whitby Abbey

1
- **a** eight months
  Whitby Abbey is open for eight months.
- **b** on Saturday or Sunday
  You can visit Whitby Abbey after 6 o'clock on Saturday or Sunday.
- **c** in the restaurant or the café
  You can buy something to eat or drink in the restaurant or the café.
- **d** yes
  Yes, you can.
- **e** 199 steps
  Between the town and the Abbey there are 199 steps.
- **f** yes
  Yes, there are. (Because there is a harbour.)
- **g** Dracula
  Whitby is famous for Dracula (... because of Dracula).

2
- **a** **W**hitby **A**bbey is open on **M**onday at 10.00.
- **b** **D**racula is a famous story.
- **c** **K**aren and **I** are visiting **L**ondon.
- **d** **P**eter has got an **A**merican car.
- **e** **M**y birthday is in **J**anuary.
- **f** **I** see **M**r **J**ames every **T**uesday.
- **g** **T**his is my dad and this is **D**ad's car.

3

B	E	T	I	H	W	B
I	B	U	S	O	N	L
G	X	S	H	O	P	U
B	X	A	D	F	R	E
E	O	N	T	A	R	R
N	O	D	C	A	F	E
L	O	O	H	C	S	D

- **a** Big Ben
- **b** café, school, shop
- **c** bus, car, taxi
- **d** red, white, blue
- **e** Oxford

4 *Lösungsvorschlag:*

Dear (Eve),

I am in Whitby in Great Britain (Britain/England). It is Monday today and I am going to my friend's school. The name of the school is Wellington High School (The school is called Wellington High School). I go (I am going …) to school in a school bus. Every day I go to Mrs Bell's Café (café). I am reading a book. It is called *Whitby Ghosts*. I like England.

Best wishes,

(Tom)

5 a **J**enny and **I** live in **N**ewcastle.
b **M**y birthday is in **A**ugust.
c **M**r and **M**rs **B**eck's house is in **G**reen **R**oad.
d **P**eter listens to **A**merican rap music.
e **J**ack is reading **H**arry **P**otter.
f **D**ear **L**ucy,
Here's a postcard from **E**ngland. **I**t's nice here.

Topic 2: Shipwrecked

6 a On the island there are …
- ☐ many people.
- ☑ two people.
- ☐ many storms.

b Robert and Sarah go to …
- ☐ Scotland.
- ☐ the island.
- ☑ the beach.

c Can Robert cycle home?
- ☑ No, he can't.
- ☐ Yes, he can.

d Is the camera near Sarah?
- ☑ No, it isn't.
- ☐ Yes, it is.

e Robert …
- ☑ does not want the picture.
- ☐ wants the picture for Sarah's birthday.
- ☐ wants the picture for the fire.

7 a

Was geschah auf der Insel?	S T O R M (1 2 3 4 5)
Wie heißt „Strand" auf Englisch?	B E A C H (6 7 8 9 10)
Woher kommt Robert?	S C O T L A N D (11 12 13 14 15 16 17 18)
Wo ist die Kamera (zwei Wörter)?	O V E R (19 20 21 22) T H E R E (23 24 25 26 27)
Wohin kannst du ein Bild hängen?	W A L L (28 29 30 31)

b
1. Robert takes path A to get **water** from the river.
2. Sarah takes path B to get **bananas** from the trees near the mountains.
3. Robert and Sarah take path C to get small **trees** from **the forest** for their fire.

8
a the picture
b the bus
c the uniform
d the camera
e the box
f the island
g the fire
h the orange
i the house
j the ice cream

[ðə]: picture, bus, uniform, camera, box, fire, house
[ði]: island, orange, ice cream

9
a an island
b an apple
c a bag
d a bed
e a car
f a pencil
g a phone
h a uniform
i an umbrella
j a table

10 an island; a big storm; a bike; a camera; a photo; an old picture; a wall

11
- **a** She is a doctor.
- **b** He is a policeman.
- **c** He is an actor.
- **d** She is a pilot.
- **e** I am a gardener.

12

a knife = *Messer*		**b** clock = *Uhr*	
c newspaper = *Zeitung*		**d** tent = *Zelt*	
e snake = *Schlange*		**f** ladder = *Leiter*	
g egg = *Ei*		**h** radio = *Radio*	

Lösungsvorschlag: I take **a knife**, **a tent**, **a ladder and a radio**.

13 I'm on **an** island but I don't know the name of **the** island. On **the** beach I can see **a** box. I go to **the** beach and open **the** box. In **the** box there is **a** book and **a** pen – and **an** orange. I eat **the** orange and then start my diary.

14
- **a** Over there we can buy **an** ice cream.
- **b** I know **the** girl with **the** ice cream. Her name is Jane.
- **c** Can we go to **the** big park in **the** town centre?
- **d** **The** film is good at **the** cinema.
- **e** I haven't got **a** car.
- **f** I have got **an** American friend.

15
- **a** She is a teacher. (She's a teacher.)
- **b** We are on an island. (We're on an island.)
- **c** He is a soldier. He has got a uniform. (He's a soldier. He's got a uniform.)
- **d** The boys are in the classroom.
- **e** Over there is a bag. The apples are in it.
- **f** Have you got an umbrella?
- **g** The woman is in the house.
- **h** Lucy has got an orange.

Topic 3: Louis the beautiful

16

		true	false
a	Louis is always in the garden.	✓	
b	People like Louis.	✓	
c	Louis has got big eyes.		✓
d	Louis likes to eat.	✓	
e	Louis doesn't like his neighbour.		✓
f	There is a party at Mrs Davy's house.		✓
g	Louis wants more to eat.	✓	
h	Louis doesn't like the children's biscuits.		✓

17

eine Person / Sache	mehrere Personen / Sachen
life, day, garden, sandwich, neighbour, biscuit, (chocolate biscuit), party	*people, eyes, biscuits, chocolates, parties, beefburgers, sausages, sandwiches, children, (chocolate biscuits)*

18

a box / boxes
b tree / trees
c boy / boys
d church / churches
e family / families
f girl / girls
g glass / glasses
h desk / desks

19

[s]	[z]	[iz]
cakes	*babies*	*beaches*
maps	*pens*	*sausages*
clocks	*teachers*	
	apples	
	days	

20 a There is one child on the bus but two **children** in the car.
b I have got one book in my bag but Tommy has got three **books** in his bag.
c There is a man in the shop but six **men** outside.
d There is one family sitting in the park but there are three **families** playing football.
e One woman is washing her foot but there are four **women** washing their **feet** over there.

21

a					B	E	A	U	T	I	F	U	L	7
b			P	E	O	P	L	E	2					
c	H	U	N	G	R	Y	3							
d		G	A	R	D	E	N	1/6						
e			E	Y	E	S	5							
f			A	G	A	I	N							
g	B	I	S	C	U	I	T	S	4					
					X									

Louis is a DOGUE DE BORDEAUX.

22 *Lösungsvorschlag:*
Louis is a Dogue de Bordeaux. He is a very big dog. He sits in his garden and watches people. He likes biscuits, sandwiches, beefburgers and sausages. He likes children.

23 a I have got two **dogs**.
b The **children** are sitting in the garden.
c The **girls** have got **sandwiches**.
d The **trains** and the **buses** are red.
e Two **families** are playing **games**.
f The **boys** are drinking water.
g Kim and John have got two **houses**.

Topic 4: The pirate boat

24

25

I	wir
you	es
he	sie
she	ich
it	du / Sie
we	er
you	sie
they	ihr / Sie

26

a **They** are very dangerous.
b **He** is very big.
c **It** is old.
d **We** are friends.
e **They** are pirates, too.
f **It** is very small.
g **She** lives in Bristol.

27

Deutsch	Englisch	Personalpronomen Subjekform
Ball	ball	it
Frage	question	it
Auto	car	it
Polizist	policeman	he
Frau	woman	she
Banane	banana	it
Baum	tree	it
Kino	cinema	it
Mädchen	girl	she
Junge	boy	he

28 *Lösungsvorschlag:*

a Christina has got a cat.
She has got a cat.

b My mother likes tennis.
She likes tennis.

c Steve likes spaghetti. / Laura likes spaghetti.
He likes spaghetti. / She likes spaghetti.

d Aunt Pam and Uncle Peter live in Bonn.
They live in Bonn.

e My postman is small.
He is small.

f Max / Julie and I like music.
We like music.

29

a she
b they
c we
d it
e she
f they
g he
h they
i it
j they

Topic 5: Coffee, milk and sugar

30
a the man
b computers
c Sally
d computer
e coffee

31
a He is in London.
b He goes into the shop because he has got a problem with his computer./ He goes to speak to Simon.
c Sally is good with computers.
d It has got coffee in it./It doesn't work./The man spilt coffee over it.
e He buys a new computer.

32
a The man talks to **him**.
b The man has got a problem with **it**.
c The man tells **her** about the problem.
d The shop sells **them**.
e Can you help **us**?
f The man: "I think **you** are very good shop assistants."

33
a him
b us
c you
d them
e you
f you
g me
h me
i her/them
j him
k you

34
a Paris – **Scotland** – London
Scotland is a country and London and Paris are cities.
Schottland ist ein Land und London und Paris sind Großstädte.

b tea – coffee – **apple**
You eat an apple but drink tea and coffee.
Man isst einen Apfel, aber man trinkt Tee und Kaffee.

c **computer** – table – desk
A computer is a machine. A table and a desk are furniture.
Ein Computer ist ein Gerät. Ein Tisch und ein Schreibtisch sind Möbel.

d milk – sugar – **bottle**
You keep things in a bottle. You put milk and sugar in coffee or tea.
Man kann in einer Flasche Dinge aufbewahren. Milch und Zucker tut man in Kaffee oder Tee.

e **cinema** – supermarket – shop
You watch a film in a cinema. You buy things in a supermarket or a shop.
Im Kino kann man einen Film anschauen. In einem Supermarkt oder einem Geschäft kauft man ein.

35
a Can you take a photograph of us, please?
b Can you help me, please?
c Can you give her a letter? / Please give her a letter.
d I don't like them.
e You can come with us to the cinema.
f I often e-mail him in New York.

36

Subjekt	Objektform der Personalpronomen	Subjekt	Objektform der Personalpronomen
Kim	*her*	John	*him*
the shop	*it*	my parents	*them*
people in the shop	*them*	the dog	*it*
you and I	*us*	Charles the cat	*him*
Jenny and me	*us*	you and Mary	*you*

Topic 6: The Granvilles of Granville Hall

37

	photograph
a JULIET: "Can you find our house?"	L
b JULIET: "And, can you find our dining-room, too?"	D
c MR GRANVILLE: "Where am I?"	G
d MRS GRANVILLE: "What is in our garden?"	K
e MRS GRANVILLE: "Can you find my birthday present?"	A
f ROBBIE: "Juliet's car is very nice. Can you find it?"	J

38

		true	false
a	Juliet hat heute ihr Frühstück verpasst.	✓	
b	Mrs Granville ist vor Juliet aufgestanden.	✓	
c	Mrs Rogers ist wahrscheinlich ein Gast im Haus.		✓
d	Juliet muss später ihr Zimmer aufräumen.		✓
e	Juliets Vater fliegt gerne.		✓
f	Der Gärtner ist neu.	✓	
g	Juliet gefällt das Geschenk, das ihre Mutter von Onkel Tom bekam.		✓
h	Robbie kommt zu früh zum Mittagessen.		✓
i	Robbie muss zur Tankstelle fahren.	✓	
j	Juliet fährt einen Mini.		✓

39
- a That is **her** coffee.
- b That is **his** tea.
- c Where is **my** water?
- d Those are **their** cakes.
- e Where are **our** soups?
- f Is this **your** dog?
- g No, it isn't. But **its** ball is in **your** soup.

40
- a Is this your house?
- b My mother likes your house.
- c Is this your room?
- d Can my grandfather sit here? His foot hurts.

41

42 **a** *Lösungsvorschlag:*

BY AIR MAIL
par avion
Royal Mail

Hallo Oma,
heute haben wir Schloss Granville besucht. Es ist ein schönes Gebäude. Stell dir vor, es hat zwanzig Zimmer im Erdgeschoss! Im Garten haben wir sogar Hirsche gesehen und der Sohn und die Tochter des Besitzers sind sehr freundlich.
Gerade sitzen wir hier im Café und essen zu Mittag.

Viele Grüße,
deine Maria

(Name)

(Adresse)

Germany

b *Lösungsvorschlag:*

BY AIR MAIL
par avion
Royal Mail

Hello Martin,
I am at Granville Hall. It is a big house. It has got twenty rooms downstairs! There is also a big garden. In the garden there is a clock. There are also many deer here. Sometimes they go into the garden. I am writing your postcard in the café after our dinner.

Best wishes,
Maria

(Name)

23 Church Street

Brighton

BG4 CF5

43 a This is **their** car. b "**Your** drinks are on the table."
c Here is **her** coat. d Have you got **his** bike?

44 a my garden b his dog
c her/their brother d our house

45 a (Dad – car) his car
b (Mum – tree) her tree
c (Jane and Janet – pencils) their pencils
d (Peter – book) his book
e (Lucy – guitar) her guitar
f (me – watch) my watch

Topic 7: The untidy cupboard

46

The radio belongs to **Kim**.

47 a The dog's ball b Peter's ice cream
c Linda's car d The boys' house
e The children's books f The girl's bag

48 a the pocket of the uniform
b the window of the house
c the number of the bus
d the map of the city (… London)
e the photo of the car

49

a	*Fenster*	**window**	b	*Landkarte*	**map**
c	*Schrank*	**cupboard**	d	*Bleistift*	**pencil**
e	*Bild*	**picture**	f	*schrecklich*	**terrible**
g	*Tasche*	**bag**	h	*unordentlich*	**untidy**
i	*Batterie*	**battery**	j	*Popgruppe*	**pop group**
k	*wegwerfen*	**throw away**	l	*Klassenzimmer*	**classroom**
m	book	**Buch**	n	pen	**Stift**
o	children	**Kinder**	p	pocket	**Tasche**
q	house	**Haus**	r	cake	**Kuchen**
s	poster	**Poster**	t	ice cream	**Eis**

50 a What is your father's / mother's job? (… father's or mother's …)
b I think my friends' DVDs are terrible.
c The end of the book was very good.
d Where are the children's coats?
e The dog's teeth are very big.

51 a The **boy's bag** is big.
b The **door of the shop** is white.
c Paula has got the **battery of the radio**.
d Over there is **Kevin's pen**.
e This is the **girls' house**.
f Where are the **children's bikes**?
g I don't like the **poster of the disco**.
h Can you see **Anne's book**?
i Is this the **end of the test**?

Topic 8: Hadrian's Wall

52
- **a** Max thinks Hadrian wants a new **palace**.
- **b** Simon says that Hadrian wants a **wall**.
- **c** Max is an **architect**.
- **d** The **Roman Empire** ends at the **wall**.
- **e** Hadrian thinks it is **cold** in **Scotland**.

53
- **a** 4 – four
- **b** 3 – three
- **c** 117 – one hundred and seventeen
- **d** 1000 (1,000) – one thousand
- **e** 14 – fourteen
- **f** 8 – eight

54
- **a** 13
- **b** 30
- **c** 127
- **d** 314
- **e** 27
- **f** 56
- **g** 582
- **h** 77
- **i** 160
- **j** 94

55
- **a** The wall is **three** metres wide and **four** metres high.
- **b** The towers are **eleven metres wide and seven metres high**.
- **c** The fort is **twenty-one metres wide**.
- **d** The stones are **fifty centimetres wide and seventy-five centimetres high**.
- **e** We need **nine hundred and thirty** men.
- **f** We need **seven** years and **two hundred and forty-five** days to build the wall.

56
- **a** Titus is first in the 100 metres sprint.
- **b** Octavius is second in the chariot race.
- **c** Octavius is third in the 100 metres swim.
- **d** Titus is fourth in the long jump.
- **e** Titus is fifth in the chariot race.
- **f** Octavius is eighth in the javelin.
- **g** Titus is eleventh in the 2,500 metres long distance run.
- **h** Octavius is fourteenth in the 100 metres sprint.
- **i** Octavius is twenty-seventh in the 2,500 long distance run.

j Titus is thirty-third in the javelin.
k Titus is forty-second in the 100 metres swim.
l Octavius is sixtieth in the long jump.

57 a Hadrian's Wall begins at **Bowness**.
b Hadrian's Wall ends at **Wallsend**.

58

many	German	much	German
days	Tage	tea	Tee
ideas	Ideen	information	Informationen
stones	Steine	money	Geld
euros	Euros	water	Wasser
children	Kinder	music	Musik
walls	Wände	petrol	Benzin
people	Menschen / Leute		

59 a There are six drawings of London.
b There are three police helmets.
c There are four men.
d There is one bus.
e There are eleven scarves.
f There are four boxes.

60 a Alana is first with Sleepy.
b Mike is third with Breeze.
c Robert is tenth with Speedy.
d Lucy is twelfth with Happy.
e Caroline is twenty-second with Olympia.

61 a zweiunddreißig – **thirty-two**
b siebenhundertsechzehn – **seven hundred and sixteen**
c dreizehn – **thirteen**
d achthunderteins – **eight hundred and one**
e vierhundertneunundsechzig – **four hundred and sixty-nine**

Topic 9: London to Paris

62

Linda	Sue	Mark

9.40 • leaves 11.05 • train **13.35** • Paris **13.37** • Metro **14.07** • Eiffel Tower **14.17** • top of the Eiffel Tower	**9.40** • leaves **11.10** • Dover **12.25** • Calais **14.45** • Paris **15.10** • sees the Eiffel Tower **15.25** • top of the Eiffel Tower	**9.40** • leaves **11.00** • airport **12.10** • plane leaves **13.25** • Paris **13.55** • Metro **14.20** • Eiffel Tower **14.25** • top of the Eiffel Tower

63
a Linda
b Sue
c Sue
d Mark

64
a 5.17 – gesprochen: **seventeen minutes past five**
b 8.55 – gesprochen: **five to nine**
c 3.30 – gesprochen: **half past three**
d 6.00 – gesprochen: **six o'clock**
e 2.35 – gesprochen: **twenty-five to three**
f 9.37 – gesprochen: **twenty-three minutes to ten**
g 4.45 – gesprochen: **(a) quarter to five**
h 11.20 – gesprochen: **twenty past eleven**

65
a 3.10 p.m.
b 9.40 a.m.
c 11.05 a.m.
d 1.35 p.m.
e 1.55 p.m.
f 2.20 p.m.
g 3.25 p.m.

66
a The train leaves at eleven oh-five.
b The train arrives at thirteen thirty-five.
c The boat leaves at eleven ten.
d The boat arrives at twelve twenty-five.
e The plane leaves at twelve-ten.
f The plane arrives at thirteen twenty-five.

67 We start our journey in London. We **leave** our house at 9 o'clock and **go** to the airport. Here the plane **leaves** for New York at 12.30 and **arrives** at 18.15. We **arrive** on Sunday and **leave** on Friday. It is a short **holiday** but lots of fun. In New York the shops are always **open** very late – some never **close**. My parents say we can **go** to *Chicago* at the theatre tonight. *Chicago* **starts** at 7 o'clock and **ends** at 10.30 p.m.

68
- **a** Excuse me, could you tell me the time please? / What time is it, please?
- **b** What time does the bus go (... leave)? When does the bus go (... leave)?
- **c** What time does the shop open? / When does the shop open?
- **d** I think the last train is at 18.30.

69
- **a** The shop opens at 8.30 a.m. The shop closes at 5.45 p.m.
- **b** The plane leaves at 13.29. The plane arrives at 19.40.
- **c**

12-Stunden-Uhr	gesprochen	24-Stunden-Uhr	gesprochen
2.30 a.m.	half past two	02.30	two-thirty (*manchmal* oh-two thirty)
1.45 p.m.	(a) quarter to two	13.45	thirteen forty-five
9.25 a.m.	twenty-five (minutes) past nine	09.25	nine twenty-five (*manchmal* oh-nine twenty-five)
11.37 p.m.	twenty-three minutes to twelve	23.37	twenty-three thirty-seven

Topic 10: Jackie's birthdays

70
- **a** Mike has got ...
  - ☐ a new address.
  - ☑ a book for birthdays and addresses.
  - ☐ a birthday today.
- **b** Mike always buys two birthday presents in ...
  - ☐ February.
  - ☑ June.
  - ☐ August.

c Elle's birthday is ...
- [ ] after Mike's.
- [ ] before her parents' birthdays.
- [x] after her parents' birthdays.

d Rob's birthday is ...
- [ ] before Katie's birthday.
- [ ] on 3rd July.
- [x] on 4th July.

e Mike talks to Elle ...
- [ ] on 4th July.
- [ ] on Rob's birthday.
- [x] on the phone.

f Jackie has got ...
- [x] two dates for her birthday.
- [ ] Mike's birthday present.
- [ ] two birthdays every year.

71 Jackies Geburtstag ist am 29. Februar. Da es diesen Tag aber nur in einem Schaltjahr gibt, kann sie ihren Geburtstag nur alle vier Jahre am 29. Februar feiern. Wenn kein Schaltjahr ist, feiert sie ihren Geburtstag am 1. März.

72
a Mum's birthday is on 25th July.
b Tom's birthday is on 12th September.
c Lucy's birthday is on 2nd April.
d Carol's birthday is on 12th November.
e Kevin's birthday is on 1st March.
f Linda's birthday is on 31st December.

73
a We go to the museum on Tuesday.
b We go shopping on Monday.
c No, we don't. We go to Aachen on Sunday. / We stay at home on Saturday.
d The film is on Thursday.
e We go for a walk on Friday.
f We stay at home on Saturday. / On Saturday, we are at home.
g No, we can't. We go swimming on Wednesday.

74
a It is my birthday **on** Tuesday. **At** the weekend I can have a party.
b It is my father's birthday **in** January.
c **At** Christmas we always go and visit my grandparents.
d We are **on** holiday in America.

75 *Lösungsvorschlag:*

- **a** My mum's birthday is on 5th October. My sister's birthday is on 2nd February.
- **b** I have English on Monday, Wednesday, Thursday and (on) Friday.
- **c** At the weekends, I go swimming. / I like to go swimming at the weekends.

76

- **a** On 5th June it is Lucy's party.
- **b** On 2nd August it is Mum's birthday.
- **c** At the weekend Peter plays football.
- **d** On Monday it is Mark's birthday.
- **e** Today it is 20th November.
- **f** Can we go to Scotland at the weekend?
- **g** On Monday and (on) Tuesday I am on holiday.
- **h** The party is on 31st May.

Topic 11: The puzzle

77 **a**

	dog	cat	parrot	fish	Manchester	Leeds	Oxford	Newcastle
John	✗	✗	✗	✓	✗	✗	✓	✗
Mary	✗	✓	✗	✗	✗	✓	✗	✗
Arthur	✗	✗	✓	✗	✓	✗	✗	✗
Sue	✓	✗	✗	✗	✗	✗	✗	✓
Manchester	✗	✗	✓	✗				
Leeds	✗	✓	✗	✗				
Oxford	✗	✗	✗	✓				
Newcastle	✓	✗	✗	✗				

b

1. John has got a fish and lives in Oxford.
2. Mary has got a cat and lives in Leeds.
3. Arthur has got a parrot and lives in Manchester.
4. Sue has got a dog and lives in Newcastle.

78

- **a** Paula has got a tennis ball.
- **b** Jane has got an apple.
- **c** Trevor and Carol have got bags.
- **d** Tony has got a map.
- **e** Lucy has got an ice cream.
- **f** Pam and Fiona have got pencils.

79 **a** Tina has got a café. The café has not got a name. (hasn't got)
b Peter has got a house. The house has not got a door. (hasn't got)
c Jason has got a desk. The desk has not got a leg. (hasn't got / two legs)
d Lucy and Mike have got a bus. The bus has not got a wheel. (hasn't got / four wheels)
e Mr and Mrs Smith have got a dog. The dog has not got an eye. (hasn't got / two eyes)
f Tony has got a book. The book has not got a title. (hasn't got)
g Peter and Jane have got a letter. The letter has not got a stamp. (hasn't got)

80 **a** Yes, I have. **b** No, he hasn't.
c Yes, she has. **d** Yes, they have.
e No, she hasn't. **f** No, they haven't.
g No, I haven't.

81 **a** No, I haven't. **b** Yes, he has.
c No, she hasn't. **d** No, they haven't.
e Yes, she has. **f** Yes, they have.
g Yes, I have.

82 **a** rabbit = *Kaninchen* **b** parrot = *Papagei*
c mouse = *Maus* **d** fish = *Fisch*
e snake = *Schlange* **f** horse = *Pferd*
g bird = *Vogel*

83 **a** Have you got a pet?
b Have you got a brother or a sister? (Have you got brothers or sisters?)
c Have you got a big house? **d** Have you got a garden?
e I have / haven't got a pet. **f** I have / haven't got a brother / sister.
g I have / haven't got a big house. **h** I have / haven't got a garden.

84 **a** Tom **has got** a new bike.
b The children **have got** a new teacher.
c Mary **hasn't got** a dog.
d Eve and Fiona **haven't got** their pens today.
e The cat **has got** a ball.
f The dogs **haven't got** their biscuits.
g The girls **haven't got** their books.

Topic 12: Zero

85
- a E
- b F
- c A

86

87

		true	false
a	Glasgow is in England.		✓
b	Sue has got a sister.		✓
c	Mike is from Watford.	✓	
d	Sue sings.	✓	
e	There are three people *(Personen)* in the pop group.		✓
f	Two people play guitars.	✓	
g	The drummer comes from Scotland.		✓
h	Robbie is from Aberdeen.		✓

88
- a I am — *ich bin*
- b we are — *wir sind*
- c we are not — *wir sind nicht*
- d they are — *sie sind*

e he is *er ist*
f it is *es ist*
g they are not *sie sind nicht*

89 a He isn't from England. He's from Scotland.
b They aren't drums. They're guitars.
c She isn't a doctor. She's a teacher.
d It isn't a table. It's a chair.
e They aren't cars. They're books.

90 a Yes, they are.
b No, it isn't./No, it is not.
c No, she isn't./No, she is not.
d Yes, he is.
e No, they aren't./No, they are not.

91 a Mum – Dad – sister – ~~friend~~
Ein Freund ist kein direktes Familienmitglied.
b hi – hello – ~~bye~~ – good morning
„bye" sagt man nicht zur Begrüßung, sondern zur Verabschiedung.
c is – am – ~~not~~ – are
„not" ist keine Form von „to be".
d drummer – ~~music~~ – doctor – teacher
„music" ist keine Berufsbezeichnung.
e songs – drums – ~~cars~~ – guitars
„cars" gehört nicht zum Thema Musik.
f speak – talk – ~~play~~ – say
„play" gehört nicht zu den Verben des Sagens.
g sister – mother – aunt – ~~boy~~
„boy" ist nicht weiblich/bezeichnet keine Verwandtschaft.

92

a	like	*mögen*	≠	*hate*	*gar nicht mögen (hassen)*
b	north	*Norden*	≠	*south*	*Süden*
c	sister	*Schwester*	≠	*brother*	*Bruder*
d	from	*von*	≠	*to*	*zu, nach*
e	near	*nah*	≠	*far*	*weit, fern*
f	yes	*ja*	≠	*no*	*nein*

93 *Lösungsvorschlag:*
My name is Julia. I live in Düsseldorf. I am eleven years old. I have got one brother and two sisters (I have got no brothers or sisters.). My favourite pop group is Coldplay. My favourite song is "Lost!".

Topic 13: The Sun Hotel

94
- a **Jedes Zimmer** hat Meerblick.
- b Es ist ein **kleines** Hotel mit **vierzehn** Zimmern.
- c Wir haben **große** Doppel-, Einzel- und **Familienzimmer**.
- d Es **gibt** ein sehr gutes Restaurant.
- e Es **gibt** einen **Fernseher** in **jedem** Zimmer.
- f Wir **mögen Familien** – und **Hunde**.
- g Freundlich.

95

		true	false
a	The hotel is near the sea.	✓	
b	The hotel is very big.		✓
c	The rooms are small.		✓
d	The restaurant is not very nice.		✓
e	Ten bedrooms have got televisions.		✓
f	People bring their dogs to the hotel.	✓	
g	The people in the hotel are nice.	✓	

96
- a The man **doesn't** sleep on the floor.
- b The two sisters **don't sing**.
- c The woman **doesn't watch** television at 2 o'clock in the morning.
- d They **don't eat** at midnight.
- e He **doesn't wear** black clothes.
- f They **don't run** in the hotel.
- g She **doesn't take** photographs in the night.

97
- a Do the boys play on the beach every day?
- b Do you like the hotel?
- c Does Mr George know you?
- d Do you eat an English breakfast every day?

e Does Peter think the hotel is nice?
f Does Jenny work in the hotel?
g Do you watch television every evening?
h Do you live in London?
i Do you like dogs?

98

a	**Do** the bedrooms have television?	**Yes, they do.**
b	**Do** you have big bedrooms?	**Yes, we do.**
c	**Do** I get a newspaper every morning?	**No, you don't.**
d	**Does** Mrs George work in the hotel?	**No, she doesn't.**
e	**Does** Charlie, your dog, like people?	**Yes, he does.**
f	**Do** we get a big breakfast?	**Yes, you do.**

99 **a**

egg	**Ei**	saucer	**Untertasse**
sausage	**Wurst**	tomato	**Tomate**
bacon	**Speck**	toast	**Toast**
plate	**Teller**	fork	**Gabel**
cup of tea	**Tasse Tee**	knife	**Messer**

b

① knife	⑥ toast
② sausage	⑦ fork
③ tomato	⑧ cup of tea
④ egg	⑨ saucer
⑤ bacon	⑩ plate

100
a Does your brother like cats? **b** Does your friend play tennis?
c My uncle doesn't drive. **d** My sisters don't live in a flat.

101
a **Do** we see Big Ben in London? Yes, **we do**./Yes, **you do**.
b **Do** you come from Scotland? No, **I don't**./No, **we don't**.
c **Does** Jane play football? Yes, **she does**.
d Kim **doesn't like** chocolate.
e Mr and Mrs Evans **don't drive**.
f Jane and I **don't swim**.
g **Does** the girl **live** in a flat?
h **Do** the children **learn** English?

Topic 14: The village ghost

102

name	house name
Mike and Karen's uncle	Manor House
Martha	River House
Jane and Peter	Kent Cottage
Colin	Reed House
John	Eel Yard
Sir Reginald Rednose	Long House
Mrs Graham	Cat's Corner
Matthew and Sue	Rose House

103 house name: **Owl House**

104

a The village …
- ☐ is very big.
- ☑ has got a ghost.
- ☐ is near a big town.

In German: **Im Dorf gibt es ein Gespenst.**

b The children visit *(besuchen)* their uncle …
- ☐ in April.
- ☑ in August.
- ☐ in October.

In German: **Die Kinder besuchen ihren Onkel im August.**

c The house with the ghost …
- ☐ is their uncle's house.
- ☐ is the big house.
- ☑ is in the village.

In German: **Das Haus mit dem Gespenst ist im Dorf.**

d Colin lives near …
- ☑ his work.
- ☐ Karen and Mark's uncle.
- ☐ the postman.

In German: **Colin lebt / wohnt in der Nähe seiner Arbeit.**

e The postman doesn't like … ☐ Matthew and Sue.
☐ his work.
☑ dogs.

In German: **Der Briefträger mag keine Hunde.**

f Sir Reginald Rednose … ☐ drives a big car.
☐ is the children's uncle.
☑ likes golf.

In German: **Sir Reginald Rednose mag Golf.**

g Mrs Graham has got … ☑ a bench *(Bank)* in her garden.
☐ a big garden.
☐ the house with the ghost.

In German: **Mrs Graham hat eine Bank in ihrem Garten.**

105

a	sits	b	hurries
c	finds	d	phones
e	tries	f	goes
g	watches	h	teaches
i	plays	j	does

106

a John and Mrs Graham **drive** new cars.
b I **like** the big house.
c Karen and Mike **answer** the man's question.
d Harry **works** with Colin in the shop.
e Martha **carries** a bag.
f We **buy** milk at the shop.
g Matthew and Sue **listen to** music every day.
h Colin **opens** the door.
i The dog **sleeps** in the chair.
j Karen **goes** to the cinema on Wednesday.

107

a John **usually drives** to work.
b Martha **always watches** television in bed.
c Matthew and Sue **never eat** chocolate.
d Mrs Graham **often carries** her books.
e Mike **plays** handball **on Tuesdays**.

108 a First I do my homework, then I listen to (my) music.
b First Mike reads his book, then he watches television.
c First Karen eats her breakfast, then she gets her bag. After that she goes to school.

109

110 *Lösungsvorschlag*:
Hello, my partner's name is Johanna. She goes to school in Aachen. She usually walks to school. She has got school until 1.00 p.m. She has got afternoon lessons on Mondays and Wednesdays. She often goes swimming but she never plays football. She often sees her friends on Saturdays. She usually goes to bed at 8.30 p.m.

111 a Sandra **speaks** English.
b We **play** golf.
c Geoff and Gwen **like** films.
d Carol **carries** her bag every day.
e Greg **drives** a big car.
f Simon sometimes **watches** television but he usually **reads** books.
g You and I often **go** shopping on Saturday.
h My cat **eats** cheese!
i I often **listen to** music.

Topic 15: The window cleaners

112

Photo A:	Big Ben is nice. (line 26)
Photo B:	photo of a starfish (line 20)
Photo C:	✗
Photo D:	✗/(... photos of funny things; line 17)
Photo E:	✗
Photo F:	They're cleaning the windows. (line 3)

113

		true	false
a	One man is cleaning the windows.	☐	☑
b	Dave and Wendy are walking.	☐	☑
c	The statues are listening to Dave.	☐	☑
d	Wendy has got a camera.	☑	☐
e	Wendy is wearing a hat.	☑	☐
f	There are a lot of starfish in London.	☐	☑
g	Dave likes Wendy's photos.	☐	☑
h	Dave and Wendy are on holiday.	☑	☐

114

- a playing
- b going
- c using
- d giving
- e speaking
- f winning
- g running
- h carrying
- i hurrying
- j driving

115

- a What's he doing? (What is ...)
- b I'm cleaning the windows. (I am ...)
- c What is she talking about? (What's she ...)
- d We're sitting here. (We are ...)
- e Maybe it is listening to them. (Maybe it's ...)
- f They're watching us. (They are ...)
- g You're lying on the beach. (You are ...)

116

- a She **isn't / is not** drawing. She**'s / is** reading.
- b He **isn't / is not** running. **He's / He is eating.**
- c **They aren't / are not** working. **They're / They are watching** television.
- d I'm **not** singing. **I'm / I am listening to music.**
- e Peter **isn't / is not** phoning his mum. **He's / He is driving.**

117
- **a** Daniela is driving a car.
- **b** Peter is going to school by bus.
- **c** Jenny is riding a motorbike.
- **d** Peter and Michael are riding their bikes.
- **e** I am going to London by train.
- **f** Mr James is driving a train.

118
- **a** The teacher is playing golf.
- **b** The cat is jumping off a wall.
- **c** The dog is playing tennis.
- **d** The postman is carrying a big letter.
- **e** The girl is writing on the door.

119
- **a** The woman **is reading** a book.
- **b** The boys **are playing** in the garden.
- **c** The dog **is looking** at the cat.
- **d** They **aren't/are not running**. They **are walking**.
- **e** You **are painting** a nice picture.
- **f** Petra **isn't driving** a new car. She **is riding** her bike.

Topic 16: But I'm almost 10!

120
- **a** Sam and Julia
- **b** (because) he is over 10
- **c** She's almost 10./She's 9.
- **d** (because) there is a sign
- **e** She can go on the ponies.
- **f** No, he may not.

121
- **a** Sam must help his sister.
- **b** Sam must buy a ticket over there.
- **c** Julia must eat her apple.
- **d** Sam and Julia mustn't walk on the grass.
- **e** Sam mustn't climb on the castle.
- **f** Julia mustn't give her apple to the pony.

122
- **a** Her mother can read English.
- **b** Sam can go to the castle.
- **c** Julia can go on the ponies.
- **d** Sam can't/cannot go on the ponies.
- **e** They can play football.
- **f** We can watch television.
- **g** Mary can't/cannot find her DVD.

123
a Can she phone home?
b Can he play tennis?
c Can she drive a car?
d Can they speak English?
e Can we (they) listen to music? (... play our (their) CD?)
f Can he spell (write) lunch?

124
a May we listen to music?
b May I close the window?
c May I go to the toilet?
d May we watch a film?
e May I use my mobile phone?
f May we help you?

125 in, on, is, son, pen, one, so, pens, ponies, pin, pins, sin, spine, nip, nips, sip, pie, pies, pose, snip, snipe, nose

126
a You must phone Mrs Graham.
You mustn't close the window.
You must visit London.

b May I play football?
May I have a drink?
May I listen to music?

c Jenny can/can't swim.
Rita can/can't speak English.
Kevin can/can't play handball.

127 Martina and Thomas **can** go to London but their dog **can't** go with them. "In London, we **must/can** see the Tower of London," says Martina. "**May/Can** we go to the London Eye, too?" asks Thomas. "Yes, of course you **may/can**," answers their mum. "But we **can't** go to the Tower of London and the London Eye on the same day."

Topic 17: Life in London

128

	true	false
a Miss Jolly works in the children's school.	✓	
b She likes London buses.	✓	
c Miss Jolly doesn't like the theatre.		✓
d She often goes shopping in Oxford.		✓
e She never buys clothes in London.		✓

f	Sometimes she visits her family at the weekends.	☐	✓
g	She doesn't like computer games.	✓	☐
h	She hasn't got a mobile phone *(Handy)*.	☐	✓

129 The girls think the boys just (usually) play computer games. The boys think the girls always text friends.

130
a Miss Jolly often visits friends.
b They sometimes go to Scotland. / Sometimes they go to Scotland. / They go to Scotland sometimes.
c I can always phone you.
d Sue sometimes plays football. / Sometimes Sue plays football. / Sue plays football sometimes.
e Tony is never at home.
f We usually read books.
g You must never play on the road.
h I never ride my bike.
i We are often on holiday.

131
❶ Miss Jollys Beruf
❷ immer
❸ nie
❹ die Londoner U-Bahn
❺ ein Handy *(nur das erste Wort)*
❻ Samstag und Sonntag
❼ teuer

		T	E	A	C	H	E	R		
			A	L	W	A	Y	S		
		N	E	V	E	R				
U	N	D	E	R	G	R	O	U	N	D
					M	O	B	I	L	E
W	E	E	K	E	N	D				
	E	X	P	E	N	S	I	V	E	

132
a I never play computer games.
b I always / usually / often / sometimes / never read books. (Sometimes I read books. / I read books sometimes.)
c I always / usually / often / sometimes / never go to the cinema. (Sometimes I go to the cinema. / I go to the cinema sometimes.)
d I always / usually / often / sometimes / never play football. (Sometimes I play football. / I play football sometimes.)

e I always / usually / often / sometimes / never fly.
(Sometimes I fly. / I fly sometimes.)
f I always / usually / often / sometimes / never walk to school.
(Sometimes I walk to school. / I walk to school sometimes.)

133 a I am **always** happy.
b New clothes are **often** expensive.
c **Sometimes** Georgina visits her uncle in America. / Georgina **sometimes** visits her uncle in America. / Georgina visits her uncle in America **sometimes**.
d We **usually** phone my grandparents every weekend.
e I **never** read books.
f **Sometimes** my neighbour gives my dog a biscuit. / My neighbour **sometimes** gives my dog a biscuit. / My neighbour gives my dog a biscuit **sometimes**.

134 a Mary **never** listens to music.
b Peter and Anna **always** go to London.
c Linda **sometimes** plays tennis. / **Sometimes** Linda plays tennis. / Linda plays tennis **sometimes**.
d I **often** eat chocolate.
e I **usually** walk to school.

Topic 18: Sam

135 a Rufus is very hungry.
b Sam is looking for food. (Rufus … / Sam and Rufus are …)
c Justine and Rufus don't like Sam.
d Clive can't swim.
e Sam and Justine always stay in the sea / in the water.

136 A: Clive (lines 11/12: lives under the sea / ugly / can't swim / can walk)
B: Rufus (lines 2/3: only goes into the sea to swim and to get his lunch)
C: Justine (line 7: swimming)
D: Florence (lines 8–10: doesn't often go into the sea / likes flying / family and friends / party)
E: Paula (line 1: with friends / on the island)
F: Sam (lines 13/14: big mouth / people don't like him)

137
- **a** Paula doesn't like Sam.
- **b** Florence is a bird.
- **c** Justine and Clive are friends because they live under the sea.
- **d** Sam has got a big mouth.
- **e** Clive walks but Justine swims.
- **f** Rufus goes into the sea today.
- **g** Rufus is happy when he swims in the sea.

138

139
- **a** I read books.
- **b** I often watch films about sharks.
- **c** I like sharks but I don't like crabs.
- **d** Rufus swims on Mondays.
- **e** Paula is sitting on an island because Sam is in the sea.
- **f** Florence's family is visiting her today because it is her birthday.

140 a Mr Jones likes tennis.
b The bus goes to the station every day.
c Paula knows Mike because they are neighbours.
d Karen doesn't eat chocolate.
e Mr and Mrs Singh live in Manchester (Cardiff) but their son lives in Cardiff (Manchester).
f Julia is sitting in a chair because she is watching television.

Topic 19: Look!

141

142 a There are three apples.
b There is one (a) bag.
c There are three books.
d There are four pens.
e There is one (an) umbrella.
f There is one (a) cat.
g There are two chairs.

143
a road German: *Straße*
b pavement German: *Bürgersteig*
c traffic lights German: *Ampel*
d office German: *Büro*
e letter box German: *Briefkasten*

144
- a There are six shop signs.
- b There are nine people.
- c There are three children.
- d There are two street lights.
- e There are two benches.
- f There are four people with long hair.
- g There is one (a) road sign./There are two road signs.
- h There is one (a) person with a cap.
- i There are three/two bags.
- j There is one (a) plastic bag.

145
- a **There is** a bus.
- b **There are** ten doors in the house.
- c **There are** two photos on the wall.
- d **There is** a new teacher in our classroom.
- e Over there, **there are** some people.
- f Here, **there is** a train to Manchester but over there, **there are** two trains to London.

146
- a There are two cars.
- b There is one (a) small tree.
- c There are two flags.
- d There is one (a) door.
- e There are four big windows.
- f There is one (a) shop.

Topic 20: What's in those boxes?

147
- a Freddie
- b an old letter/a map
- c books
- d 1905
- e 150 years old
- f spiders

148

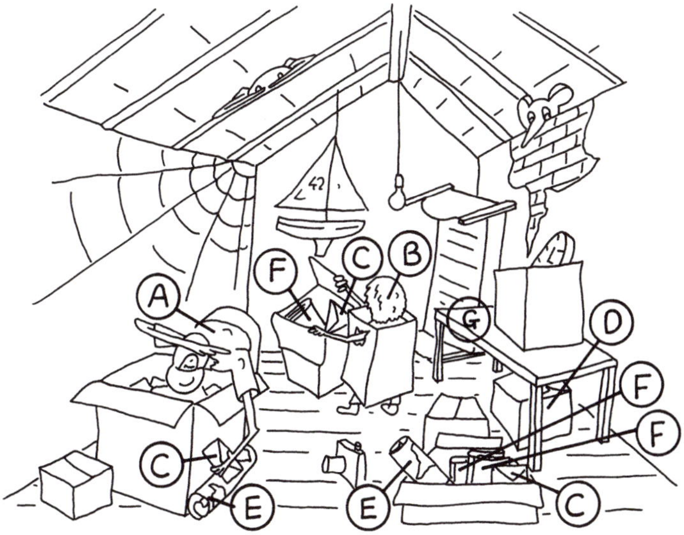

149 **a** This is a guitar. That is a ladder.
b This is an ice cream. That is a tree.
c This is an egg. That is a plane.
d This is a pen. That is a pencil.
e This is a radio. That is a clock.

150 **a** This is a book and that is a magazine.
b This is a cake and that is a sandwich.
c This is a bus and that is a train.
d This is Peter and that is Carol.
e This is a photo and that is a poster.
f This is a chair and that is a table.

151

a	These are pens.	Those are pencils.
b	These are apples.	Those are bananas.
c	These are cars.	Those are bikes.
d	These are boys.	Those are girls.
e	These are windows.	Those are doors.

152

a	jeans	**b**	shoes
c	trousers	**d**	pullover
e	skirt	**f**	shirt
g	T-shirt		

153
a JANE: **This T-shirt** is nice, Mum.
b MUM: No, it isn't but I like **those T-shirts** over there.
c JANE: **These shoes** are nice, too.
MUM: Yes, they are nice.
d JANE: I like **those pullovers**, too.

154
a These are buses and those are cars.
b These are books and that is a magazine.
c This is a radio and that is a television.
d These are balls.
e That is a dog.
f This is a camera.

Topic 21: You go!

155

		true	false
a	The ball is near the children.	☐	✓
b	Jimmy can't find the ball.	☐	✓
c	Meg jumps onto the wall.	☐	✓
d	Meg sits next to Jimmy.	☐	✓
e	Meg doesn't like what she sees.	✓	☐
f	The children get a new ball.	✓	☐
g	The ball is in Jimmy's bag.	☐	✓

156 *Lösungsvorschlag:*
Jimmys und Megs Ball ist über eine Mauer geflogen und liegt nun auf einer Weide. Jimmy will den Ball nicht holen, weil ein Bulle auf der Weide ist. Als Meg den Bullen sieht, versteht sie das Problem. Die Kinder beschließen, einen anderen Ball zu holen. Meg glaubt, dass sie noch einen anderen Ball in ihrer Tasche hat.

157

a	b	c	d	e	f
1	6	5	2	4	3

158
- a Don't climb the trees.
- b Don't play tennis today.
- c Don't write on your table at school.
- d Don't look.
- e Don't tell him the answer.
- f Don't forget your homework.

159

engl.	A	B	C	D	E	F	G	H	I
Bild	2	8	6	3	9	1	4	5	7
dt.	d	c	a	f	e	b	h	i	g

160
- a Don't swim in the river.
- b Don't jump on the beds.
- c Don't shower after 9.00 p.m.
- d Eat in the dining-room.
- e Close the doors.
- f Don't play on the grass.
- g Wash before 7.00 a.m.

161 *Lösungsvorschlag:*
- a We must keep our classroom clean.
  Keep it clean!
- b We must be on time.
  Be on time!
- c We must clean the board.
  Clean the board!
- d We mustn't talk.
  Don't talk!
- e We mustn't eat and drink.
  Don't eat and drink!
- f We mustn't use our mobile phones.
  Don't use them!

162
- a Get up.
- b Don't run.
- c Turn right.
- d Phone me.
- e Don't climb.
- f Stop!
- g Tidy (up) your room.
- h Help me!

Topic 22: Dave's Pepper Palace

163
- a You can see two people. (I can see two people.)
- b The name of the shop is Dave's Pepper Palace.
- c The shop is in Texas.
- d The shop is Dave's./It is Dave's shop.
- e The women/They are carrying bags.
- f There are two doors.
- g The number of the shop is 26506 A.
- h Two women are outside the shop.
- i The dragon is on the sign./The dragon is on the wall (of the shop).

164
- a What has Tom got?
- b What is Jenny carrying?
- c What is the name of the street?
- d What time is it?

165
- a Where is the clock?
  The clock is on the table.
- b Where are the bags?
  The bags are on the floor.
- c Where is the man?
  The man is sitting on a ball.
- d Where is the car from?/Where does the car come from?
  The car comes from America (Texas).
- e Where is the dragon?
  The dragon is on the wall.
- f Where are the photos?
  The photos are on the door.

166
- a Who has got a pen?
- b Who is phoning Julia?
- c Who is looking in the shop window?
- d Who can use a computer?
- e Who plays handball?

167 a **Whose picture** is on the wall?
b **Whose pen** is on the floor?
c **Whose book** is under the cup?
d **Whose dog** is eating my shoe?
e **Whose plane** is over there?
f **Whose bag** is on the table?

168 JUNE: **How old** is this shop, Diane?
DIANE: I think it's over 100 years old. Those biscuits over there look nice, June.
JUNE: Yes, they do. **How much** are they?
DIANE: I think they are $ 5.50.
JUNE: $ 5.50! That's a lot of money for biscuits. **How many** biscuits do you think there are in the packet?
DIANE: Twenty.
JUNE: **How big** is your suitcase?
DIANE: Very big, why?
JUNE: **How many** of those packets can we get into your suitcase?
DIANE: About 30, why?
JUNE: Great! Then we can take 600 biscuits home with us to England!

169 a Why have you got your umbrella?
b Why is the bus late?
c Why are you happy (smiling)?
d Why are you phoning James?
e Why have you got a present?

170 a When is your birthday?
b When is the shop open?
c When can you phone me?
d When are we going to the cinema?
e When does the film start?
f When is Mary visiting us?

171

outside	*drauße*	n	packet	*Packun*	g
dragon	*Drach*	e	hobby	*Hobb*	y
window	*Fenste*	r	day	*Ta*	g
biscuit	*Kek*	s	singer	*Säng*	r
suitcase	*Koffe*	r	guitar	*Gitarr*	e

172
Us: **Where are you from?**
G.B.: I'm from Chicago.
Us: **Why are you in London?**
G.B.: I'm in London to start my European tour. The first concert is here.
Us: **When is the first concert?**
G.B.: The first concert is on Saturday.
Us: **Whose guitar is that? / What is that?**
G.B.: That's my guitar.
Us: **Who is your favourite singer? / Who are your favourite singers?**
G.B.: I've got lots of favourite singers – Bono, Eminem, Pink, …
Us: **How many children have you got? / … do you have?**
G.B.: Two. A boy and a girl.
Us: **How old are the (your) children? / How old are they?**
G.B.: The boy, Charlie, he's six. And the girl, Louisa, she's three.

Us: **What are your hobbies? / What do you like doing in your free time?**
G.B: I like flying and reading and, of course, playing with Louisa and Charlie.
Us: Thanks for the interview.

173
- a Whose flower shop is it?
- b What time is the shop open? / What time does the shop open ? / When does the shop open ?
- c How much are the apples?
- d How many apples are in a kilo?
- e How many candles are there? / How old is John?
- f Whose birthday is it?
- g Who is reading the book?
- h What is the book called? / What is the title of the book?
- i How do you spell Edinburgh?
- j Where is Edinburgh?
- k Whose party is it?
- l Where is the house? / Where is the party?
- m Where is the bus going to? / Where does the bus stop?
- n What is the number of the bus?
- o Whose car is it?
- p Where does the car come from?

Topic 23: Look at those pupils!

174

		true	false
a	Mary sees the children first.	☐	☑
b	Pupils can do their homework in school.	☐	☑
c	The girl is listening to music.	☐	☑
d	A girl is eating an apple.	☐	☑
e	The pupils are not drawing on the walls.	☑	☐
f	A man is using his phone.	☑	☐

175
- a no doing homework at school, no music
- b no mobile phones, no drawing on the walls
- c no eating in the classroom, no cameras, no dogs

176

a	boy + read	Is he reading?
b	boy and girl + jump	Are they jumping?
c	Susan + talk to + Peter	Is she talking to Peter?
d	you + come + with me	Are you coming with me?
e	I + speak + to Mr Smith	Am I speaking to Mr Smith?
f	John + finish + his homework	Is he finishing his homework?
g	we + help + Grandma	Are we helping Grandma?
h	the dog + eat + a biscuit	Is it eating a biscuit?

177

a No, she isn't.
b No, they aren't.
c Yes, he is.
d No, she isn't.
e No, they aren't.
f No, it isn't.

178

a Yes, she is.
b Yes, they are.
c No, he isn't.
d Yes, she is.
e Yes, they are.
f Yes, it is.

179 *(Es gibt keine festgelegten Antworten für diese Übung. Finde jemanden, der Englisch kann und frage, ob er oder sie deine Antworten überprüfen kann.)*
Lösung, wenn du die Themenvorschläge verwendet hast:

A: Are you chasing me?	Yes, I am.
B: Are you waiting for me?	No, I'm not.
C: Is it raining?	No, it isn't.
D: Are you sleeping?	No, I'm not.

180

a	**Are you reading** a good book?	**Yes, I am.**
b	**Is Thomas doing** his homework?	**No, he isn't.**
c	**Am I playing** tennis with you?	**Yes, you are.**
d	**Are they watching** television?	**No, they aren't.**
e	**Is the girl drinking** a glass of water?	**Yes, she is.**
f	**Is it raining?**	**Yes, it is.**
g	**Are we visiting** Uncle Tom, today?	**No, we aren't.**
h	**Are you coming** to the shop with me?	**No, I'm not.**